爸媽別抓狂

八位親子溝通與教育專家，
指導最SMART的親子互動方式，
讓爸媽從此不再為孩子抓狂！

序

從孩子身上看見自己

文／黃翠吟（泰山文化基金會執行長）

一個人願意反省、改變，是認知到自己並非絕對是對的，因世間事都是相「對」，而不是絕「對」；有這樣的心態，就好溝通、就能省思，人與人之間才能和諧，也才有提昇的可能。但是，大人對待孩子，因地位不對等，就容易認定父母絕對不會錯；即使親子關係出了問題，還是無法自我覺察。

其實，教養孩子就是在呈現自己的性格、修養、價值觀；所以，孩子映照出來的就是自己的問題。

有位當老闆的朋友說：「我管理公司非常嚴厲，回到家對孩子卻判若兩人，非常溫和且有耐心，周遭的人常常很訝異我態度變化如此之大。因為，我有一個認知：如果孩子有問題，一定是由於我有問題，所以責任在我。」

父母有這種想法，就不會把問題歸因於孩子，不再重覆說孩子聽不進去的話、不再把發洩情緒當成管教、不再以自己的期待當成是孩子的性向；也就是把孩子當是自己的鏡子，反射回來的問題是讓自己反躬自省，而能思考如何調整、改變。

學者專家們的看法也是我們的鏡子；人不容易看見自己，學者們的研究則幫我們看見盲點。本書從親子間互動的各種狀況，抽絲剝繭地分析父母的觀念及孩子的心理，引導父母看見孩子的身心狀況，以及自己在言語上、態度上、觀念上是如何一步步建立了孩子的自我概念、價值觀及生活習慣，以及長遠的親子關係。

學者在諮商與觀察中看見問題、分析問題；他們站在孩子的角度同理孩子，並加上耐心，才能洞見孩子行為背後的心理問題。他們發現，在父母和孩子互動中，能自我覺察、自我控制、自我要求十分重要；用成熟大人的態度及思維，才能理性適當的對待孩子，願意瞭解孩子真正的感覺及想法，呵護孩子的自尊與自信。

書中幾位學者也提到，父母要先照顧好自己的情緒，以覺察、放鬆、轉念以及暫停一下來調整自己；情緒安定、樂觀的父母，才有安全感的孩子。

很榮幸再次與慈濟傳播人文志業基金會合作出版書籍，本書整理集結泰山文化基金會「真愛人生」親職講座中的張昇鵬、蔡毅樺、黃富源、陳質采、黃龍杰、莫正義、吳娟瑜、廖鳳池等八位專家學者的演講，內容包含學理與技巧；書中有許多生活上的實例，在一般家庭都會出現，令人感同身受。

沒有所謂完美的父母，孩子需要的是給予支持的父母；而父母也需要支持、需要放鬆自己。本書讓我們更有方法調適自己以及教養孩子。

泰山文化基金會推展心靈成長、生命教育，傳播正向的價值、善的信念；同時巡迴學校作親職教育，影響很多父母及家庭。慈濟機構教育、醫療、文化、慈善四大志業宏大深遠，帶領台灣向上向善提昇，這是台灣人的福分。我們共同合作出版親職叢書，實是從根做起，因為家庭是社會安定的基石。期望本書帶給更多家庭及孩子幸福的未來。

目錄

目錄

SMART的親子教養祕笈

如何教出優質的小孩
——談子女教養的藝術

●孩子出門碰到鄰居，不會說聲「叔叔早！」「阿姨好！」

●孩子只顧著看電視，不願意讓座給客人。

●孩子愛說謊、耍賴。

●家中有兩個孩子，老大表現良好，老二狀況不斷。

●孩子常常到了學校才打電話說：「忘了帶聯絡簿。」

●下雨了，孩子抱怨不能出去玩。

●孩子考不好，表現不理想。

◎張昇鵬（彰化師範大學特殊教育學系教授）

「父母難為啊！」這是當今大多數父母的沉重心聲。在繁忙的現實生活與多重壓力下，如何扮演稱職的父母？在眾多理論中，又如何選擇適合自己家庭狀況的教養方式？孩子到底在想些什麼？怎樣才能教出優質的孩子？層層問題，無不考驗著父母的智慧。

教養子女是一門藝術，如何栽培優質的孩子，首先得定義何謂「優質」？

有家長表示，優質就是品質精良，各科考試都能拿滿分。也有人認為優質就是乖巧、聽話、孝順父母並尊敬師長。絕大多數的父母，既希望自己的孩子有後者的品格高尚，也要兼有前者的成績優秀；有爸媽還會自認寬厚地補充說明：「沒有全部滿分也沒關係啦，只要每科都有九十分以上就行了。」

所謂「望子成龍，望女成鳳」，父母對孩子的期待可真不小也不少！然而，能夠如此品學兼優的孩子恐怕萬中選一吧！父母把眼界拉得那麼高，難免要埋怨：「為何別人家孩子都那麼優秀，偏偏我的孩子就讓人傷透腦筋！」或是慨嘆時代不同：當年自己對父母是那樣言聽計從、百依百順，現在的孩子卻太有主見，脾氣像牛一樣拗。甚至怪罪從前孩子吃母奶，所以性情溫和；現在孩子都喝牛奶，所以養成牛脾氣，說東偏往西，就愛唱反調。

我常打趣說，若你說東，孩子偏往西；那下回你要他往東時，直接叫他往西不就得了。換句話說，父母必須瞭解孩子的想法。

讓孩子做家事

很多家長也許認為做家事是小事一樁，其實真的很重要。

培養優質孩子的方法有許多。第一，就是讓他學會做家事。

現代父母常過度寶貝孩子，總捨不得讓他做家事；這是錯誤的觀念和作法。

在美國，媽媽洗過碗盤後，會把孩子叫過來，大家圍在一起擦碗盤；即使這樣做不會比較快，而且孩子很可能會不小心把碗盤摔破，美國媽媽仍堅持讓孩子擦，摔破再換新就是了。這樣才能讓孩子有學習機會，增加能力；就算打破碗盤，也能從中記取教訓、獲得經驗。

很多家長也許認為做家事是小事一樁，其實真的很重要。例如，有些大學生宿舍髒亂不堪，床底下塞了一堆髒襪子而臭氣沖天，就知道這些孩子沒有做家事的習慣。有些孩子在家的生活習慣不錯，能保持整齊清潔，但回到宿舍就完全變了樣；因為與室友同居一室，難以出汙泥而不染。良好的習慣必須從小培養，經長期持續才能真正形成生活品質；否則，極易受到各種影響而懈怠散漫，最後就同流合汙了。

培養孩子做家事，除了能幫他養成良好的生活習慣之外，也讓他從中體會父母的辛苦，進而懂得感恩而為父母分憂解勞，將來才更具有獨立生活的能力。這就是優質教養的第一步。

常說「我愛你」

若媽媽總是「愛你在心口難開」，又沒有具體的愛的行動，其實孩子未必能體會。

其次，要多讚美和鼓勵孩子，讓他成為有愛心的人。猶記一九九九年震驚全台的九二一大地震，民眾積極出錢出力賑濟災區，這是一次愛心匯聚的高度展現。如果這個社會沒有愛，人際之間疏離冷漠，大家都會過得不快樂。為人父母者，當然希望孩子能在充滿溫暖和愛的環境中成長，將來繼續把愛傳出去。

如何具備愛心呢？請培養「我愛你哲學」。「我愛你」三個字，在保守的台灣社會，並非人人都能那麼自然地說出口。一位媽媽說：「我這麼愛他，他知道啊！」果真如此嗎？若媽媽總是「愛你在心口難開」，又沒有具體的愛的行動，其實孩子未必能體會。

有位老師要學生回去向家人說「我愛你」；隔天調查發現，大部分孩子都做到了，但有的爸爸竟然說：「好噁心啊！你是怎麼了？」有的媽媽則說：「一定是老師規定的功課，否則你平常並不會這樣說的。」

也有的父母直接了當地說：「少來這一套！你缺什麼就直接說好了！」

你看，我們是不是很缺乏與孩子進行愛的交流呢？

優質的小孩要能把愛掛在嘴邊。日常生活中，就應該多說「我愛你」，多練習「我愛你」哲學，將對家人的親密之情表達得親切而自然。除此之外，禮貌也是互動中的重要一環。現代社會似乎愈來愈不重視禮貌，出門時在電梯口碰到鄰居，總是相視兩無言；難道說聲「叔叔早！」「阿姨好！」有那麼難嗎？其實，這都是因為沒有養成習慣；就如同說「我愛你」一樣，必須習慣成自然。

如果從小就要求孩子這些禮節，當你下班回到家說聲「我回來了！」孩子就會衝過來對你又抱又親；若沒這個習慣，待孩子長大後，你突然高聲說「我回來了！」孩子還可能皺著眉頭說：「幹嘛喊那麼大聲……」

幼兒教育的創始人福祿貝爾（Friedrich Froebel）曾說：「教育無他，愛與榜樣而已。」尤其就國小學童而言，行為改變是由外在慢慢影響到內在；父母要讓孩子有溫馨、祥和的感受，並透過這些生活禮儀的要求，潛移默化孩子的內在品質，使之能夠愛人愛己，並讓他參與服務，瞭解施比受更有福，就更能體認到自己的幸福了。

尊重孩子的夢想

「人類因夢想而偉大。」你瞭解孩子的志願嗎？請尊重孩子的想法，才能更有效地協助他圓夢。

每個孩子都有不同的志願，為人父母的你瞭解嗎？

許多學校目前都為學生規畫了生涯發展教育課程，透過各種學習活動，幫助學生進行自我探索——瞭解「我是誰」、我的健康狀況和家庭狀況、個人優點和專長、人生觀、價值觀、人際技巧、生涯抉擇技巧與正確工作技能、以及認識別人眼中的自己等等——藉以掌握未來發展方向並預作準備，此即「生涯檔案」手冊的建立。在製作過程中，可以讓孩子更清楚自己，也更拉近與家人的關係；並可向家人提出所希望的協助，是青少年發展志願與圓夢的一項重要參考依據。

「人生有夢，築夢踏實」，每個人都該去追求自己的夢想；若孩子對前途感到茫然，對自己毫無想法，他就沒有動力去發展自我。

「小學畢業後進入國中；國中畢業後順利考上明星高中，再考進理想大學；大學畢業後，若能繼續上研究所，完成碩士、博士學業；拿到博士後，還能……」父母總是如此希望孩子一路升學順利，彷彿從此就能平步青雲、迎向光明前程；但看到孩子不知努力用功，總不免擔心他能否順利考上大學。這就是理想與現實的落差！尤其目前經濟不景氣，就業市場蕭條，父母一方面擔心孩子找不到適當出路；一方面也怕他期待太高，以致落空受傷。

有一本書提到：在美國中西部，有一個地處僻壤的鄉村學校，老師給學生的作文題目是「我的志願」。有個孩子家中共有八人，僅擠在二十坪不到的小房子裡；這孩子寫到將來的志願是：「有一塊很大的土地，能在地上蓋一間大別墅。別墅前有小河流，後面有山坡；山坡上面野花多，野花紅似火；小河裡有白鵝，鵝兒戲綠波；戲弄綠波鵝兒快樂，昂頭唱清歌。」好美的一幅景象啊！

但老師卻把學生叫過來，訓斥他所寫的不是志願而是幻想。老師認為，蓋大別墅的想法太不實際，不可能成真，便要求孩子將志願改成當一名工人或農夫，否則就只給六十分。孩子堅持不改其志，再三認真地表示，他想當一座農場的主人。

二十年後，轉到其他城市任教的這位老師回到舊地，發現從前學校的附近有一片很大的私人農莊，而且免費對外開放觀光，就帶學生到此一遊。師生莫不讚歎這裡宛若人間仙境，前有湖泊，後有青山，二十餘幢別墅靜謐地坐落其間，四周蟲聲唧唧，鳥語花香，彩蝶翩翩起舞，美不勝收。

師生一邊在湖泊旁烤肉，一邊欣賞這迷人景緻。過了一會兒，迎面走來一名頭頂微禿的男子，突然大聲喊道：「老師！老師！」原來，他就是當年那個想蓋大別墅、而被批評不切實際的學生。

這座農場佔地五十甲，有偌大的人工湖泊和林立的別墅區；光是提供遊客使用的烤肉設備就有二千個，規模之大完全超乎老師想像；當然，也超乎男子當年的志願。老師不禁感慨地說：「就因為你敢於夢想，所以今日得以美夢成真；我不敢作夢，就只能當一輩子小學老師。」

「人類因夢想而偉大。」你瞭解孩子的志願嗎？你還記得當年的志願嗎？如今美夢成真了嗎？所幸現在有「生涯檔案」，父母可以進一步瞭解孩子的志願。但請尊重孩子的想法，讓他選擇符合自己興趣和專長的發展，才能更有效地協助他圓夢。

建立正確的價值觀

父母要特別注重生活教育，幫孩子奠定正確的價值觀。加強道德教育不能僅靠口號或教材背誦，應在日常生活中讓孩子落實體驗。

建立孩子的價值觀，要從重視道德教育開始，以培養孩子高尚的品德。

知名演說家張錦貴教授曾語重心長地呼籲，現代父母應重新檢討對孩子生活禮節的教養；父母不教孩子，孩子怎會有良好的價值觀呢？張教授提到，有一次他去拜訪朋友，按下門鈴後，馬上聽到屋內傳來高八度的回應：「什麼人啊？」

張教授表明身分後，就再次聽到拔尖的聲音：「小明，媽媽炒菜正忙，你去開門！」

男孩也高聲回應：「我也在忙，你去開！」接著就聽到兩人僵持不下、硬要對方去開門的爭執聲；後來，顯然是孩子贏了，因為前來開門的是媽媽。

張教授一進門，看到沙發上坐著小明和一隻狗，他們正在看電視；媽媽立刻把狗喚下來，讓座給張教授；卻沒有讓孩子有學習讓座的機會。

剛開始談話時，電視聲音大得蓋過了談話聲；媽媽要小明把電視聲音關小，小明說：「不行啦！太小聲就聽不見了！」媽媽說，有客人在這兒，不能講話如此沒禮貌。

「媽，你很煩耶！」小明耐不住大人的囉嗦而發火了。媽媽倒是脾氣不錯，委婉地勸小明到房裡去看。

「就是房間的電視太小，我才要在這裡看啊！不然你們去房間談好了！」孩子的不知禮節可見一斑，這就是父母的教養責任了。

父母常忽略了去要求孩子的生活秩序與禮儀；然而，正是這些被忽略的生活細節，暴露出孩子缺乏生活教育。最簡單的就是逢人寒暄：「您要出門嗎？」「您回來啦！」這些看似多此一舉的問候語，正表現出人際間的親切和溫暖。嘴巴甜總是討人歡喜的，因此從小就要培養孩子應對進退的禮儀，這就是價值觀培養的開始。

又如，從小我們都被教導在公車上要讓座給老弱婦孺，但目前這項品德教育顯然與年齡成反比——我們常遇到青少年不讓座的情形。為何青少年視而不見呢？尤其愈大的孩子愈不會讓座，可見我們的高等教育多麼不重視道德教育。

教育大致可分為三個層面：知識層面——事物的認識與瞭解；技能層面——教孩子操作事物，動手勞作；以及情意層面，亦即價值觀的建立。以前的社會較重視情意教育。例如，吃飯時不小心飯粒掉在地上，老師會要求把飯粒撿起來，因為「鋤禾日當午，汗滴禾下土；誰知盤中飧，粒粒皆辛苦。」每一顆米飯皆得來不易，要懂得感恩農夫的辛勞。

幾年前我到大陸蘇州參觀紡織工廠，看到好多女工辛勤地埋首工作，大熱天裡還要把蠶繭泡進滾燙的熱水中。我們都認為，這樣的工作一定是苦不堪言，但她們卻異口同聲表示「工作挺好」、「不累」、「有工作做就不苦」。她們當時一個月的薪資只有人民幣六百元，約合台幣二千四百元；對於這樣的酬勞，她們的看法是：「很不錯！」她們的價值觀是勤奮、努力、認真、有工作真好，一點都不計較酬勞。

但我們同行的團員中，有一位老伯伯認為她們真可憐；他說：「我在台灣什麼都不必做，每天閒閒在家，就能按月領到老人津貼三千元。比起來真是幸福多了！」

那次的旅途中，我們還發現到許多小朋友在放牛、放羊，當時並非週休假日；小朋友不上學，是因為他們必須工作以貼補家用，「要賺錢幫家裡蓋房子。」如此清苦的生活環境、為生存辛勤打拚的情景，十分類似早期的台灣社會，這恐怕是如今生活在富裕台灣的孩子們無法體會的。

孩子的日常行為中，「愛說謊」最令父母感到頭疼。我們常說：「事出必有因，有因就有果。」應先找出孩子說謊的原因。若是習慣性說謊，則有必要瞭解父母是否會經常信口胡言，讓孩子在無形中染上惡習。曾有家長提到，孩子會說些與性有關的言辭；詳細瞭解之後，才發現孩子經常偷看父母的色情光碟。父母是孩子的最佳榜樣，必須格外謹言慎行、以身作則，才不會無意中給孩子不良示範而造成偏差行為。

孩子耍賴也是另一個常見問題。家長不必大驚小怪，應該培養孩子理性溝通表達的方式及技巧，讓他好好把話說清楚；父母也必須耐心傾聽，再與孩子共同討論解決。

此外，父母的態度務必堅定果決，並建立一套處理機制，不能讓孩子有絲毫僥倖耍賴過關的心理；否則，標準不一、原則多變，就無法徹底革除惡習。

有位家長提到：家中有兩個孩子，老大表現良好，老二狀況不斷；於是，老二因常被責罵或處罰而心生不平，認為是父母偏心。

要解決這項爭端，首先應多注意老二的優點，對於小缺點則不必太斤斤計較；其次，對其所犯的錯誤要明確指出，並讓孩子理解行為不當的原因。處罰的目的不外乎制止不當的行為；但父母在處罰孩子的同時，卻常忽略告訴孩子如何做才是正確適當的行為。

讚美孩子時也一樣，不能只說「很乖」、「不錯」等籠統的字眼，最好能明確指出何種行為乖、為何表現不錯，才能增強孩子表現正面行為的動力。同樣地，也必須明確指出不當行為的原因，才能有效制止一犯再犯。總之，凡事一定要訴諸道理、說明原因。

父母要特別注重生活教育，幫孩子奠定正確的價值觀。加強道德教育不能僅靠口號或教材背誦，應在日常生活中讓孩子體驗與實踐，尤其必須持之以恆。

培養孩子身心健康

培養小孩有能力處理生命中無可避免的壓力與挫折，遠比處心積慮造就孩子功課優異重要許多。

身心健康包含生理和心理。要維持生理健康，就得讓孩子早睡早起；看似很簡單，無奈很多小朋友做不到，超過晚上十點才上床的大有人在。孩子在發育階段，極需充分的睡眠，「早睡早起身體好」並非空泛的口號，而是具有實質的健康意義，更何況一夜好眠後，才有精神面對一天的生活。

飲食均衡也很重要。多數小朋友都有偏食習慣，尤其受西式飲食影響，孩子偏好炸雞、薯條和漢堡等高熱量食物。請幫助孩子減少攝取這些易引發心血管疾病的垃圾食品。

同時還要加強孩子的運動技能。根據研究發現，持續性的運動，可以使人分泌腦內啡（endorphin）而產生神清氣爽的愉悅感；有氧運動則能增加腦內血液的含氧量，不僅有助於協調四肢功能，還能提升記憶與思考能力，學習效果自然漸入佳境。

至於心理健康，則著重在訓練孩子的挫折忍受力。「人生不如意事，十有八九。」沒有人能夠一生一帆風順；孩子若無法面對挫折，即使優秀得每次成績都名列前茅，一旦有了失誤，將無法承受失敗的打擊。近年來已發生多起學生因課業壓力而自殺的案例，有人甚至死意甚堅，一次不成再次自殺；加上年齡層有下降趨勢，不得不正視其嚴重性。

孩子為何如此不耐挫折？父母的過度寵愛是最大原因。除了課業壓力之外，也有人竟因為青春痘過多而上吊，這充分暴露出現代孩子的挫折忍受度過低。父母應該讓孩子嘗試失敗，再鼓勵他從失敗中奮起。例如，考差了，就鼓勵他把心思放在下一回，再努力就行；不必因這次的失敗而自暴自棄，甚至想不開。人生本就充滿一連串的試煉和考驗；能從失敗過程中培養愈挫愈勇的毅力，成功的果實一定更加甜美。

培養小孩有能力處理生命中無可避免的壓力與挫折，遠比處心積慮造就孩子功課優異重要許多。有些家長老是抱怨孩子的國語、數學成績很差，其實不必過度擔心。請相信「一枝草，一點露」，只要培養出挫折忍受力，能夠不屈不撓，相信孩子天生我材必有用，行行皆能出狀元。

除了飲食、睡眠等生活作息正常之外，現代人壓力大，父母尤應特別關心孩子的情緒；若孩子顯得愁眉苦臉或心事重重，就該主動關心他是否遇上什麼困難，同時用心傾聽，這是第一步。從孩子的敘述中可觀察出很多面相，包括人際關係、是非價值觀等；若發現不妥，可及早因應處理。

先瞭解孩子心中的想法，父母才能針對問題對症下藥。請放低身段，設身處地站在孩子的立場，甚至試著以當年你還是孩子這年齡的心態去揣摩孩子的心情，這就是同理心的應用。

要如何放低身段、設身處地站在孩子的立場想？以下舉個例子，有一家百貨公司新開幕，打出全館五折的好消息，孩子得知後，要求媽媽帶他去買玩具。媽媽推辭說那裡一定人山人海，不想去人擠人，但最後拗不過孩子的堅持就帶他去了。沒想到才幾分鐘，孩子就吵著要回家：「因為人太多太擠了，什麼都看不到。」媽媽這下真的生氣了，大庭廣眾下喝斥孩子吵著要來又吵著回家，簡直是無理取鬧；孩子哭了起來，媽媽更加氣不過而給他兩巴掌。

另一對母子也是如此，孩子也是沒多久就想回去。這時媽媽蹲下來，把孩子摟過來並溫柔地問明原因；孩子這才表示：「因為人太多，大家都擋在我前面，我只能看到大人的背影，什麼玩具都看不到。」這位媽媽由於能夠放低身段蹲下來，方能以孩子的角度看到他眼前的世界，也才能真正體會到孩子的困難。

我們都離開孩提時代太久了，因而忘記孩子的想法，而一味以大人的標準看待和要求，無怪乎形成了親子間的代溝。孩子為了一支斷掉的鉛筆而傷心難過；若你的反應認為不過就是一支鉛筆，沒什麼大不了，再買就行了，那就完全忽略了孩子的想法。若你能問他傷心的原因，他也許會說，這是上次爸爸從日本帶回來送他的生日禮物，他非常珍惜。總之，主動關心孩子的情緒，悉心傾聽他的想法，才能真正理解孩子的困境。

注意孩子的疑問。孩子會問「為什麼」是天經地義的；在他們的世界裡，很多的第一次、很多的新鮮感，當然就隨之引發很多的「為什麼」。坐在火車上的孩子問媽媽：「為什麼窗外的風景會一直向後退？」「為什麼小鳥停在電線上卻不會被電死？」尤其資優的孩子特別喜歡問「為什麼」，像是「我從哪裡來的？」「為什麼高山離太陽比較近，卻反而是冰天雪地？」之類的問題。

如果父母都回答「不知道」，親子間就沒有交集；更差的反應就是要孩子不再發問，這等於是扼殺了孩子探索世界的企圖心。若父母不知如何回答，最簡單的方法是反問：「你說呢？」讓孩子自己動腦去思考，父母也能藉以瞭解孩子的想法，絕不可制止孩子發問。

讓孩子學習獨立自主

孩子的命運掌握在他們自己手上，所以要捨得讓孩子吃苦，給他學習的機會。在孩子的成長經驗中，每件事都是一種學習，可藉由經驗成就面對問題的能力。

除了不該扼殺孩子探索世界的企圖心，還要讓孩子學會自己做決定。父母通常很習於下指令，例如：「來，穿這件衣服！」其實不妨改成：「你覺得穿哪一件比較漂亮呢？」讓孩子從這些生活瑣事中學習自己下決定。太常幫孩子作決定的後果便是，孩子愈來愈沒有主見。此外，當孩子決定穿哪件衣服時，也不要嫌棄及批評他的選擇，這也會造成孩子沒有自信、失去主見。

再者，讓孩子自己動手做，不要代勞。常常有孩子到了學校才打電話說：「我忘了帶聯絡簿。」如果媽媽放下電話後便馬上送去，這種代勞的結果，就是孩子三番兩次忘記帶聯絡簿。若父母能放手讓孩子去承擔忘記帶的後果，讓他為自己的行為負責，他才能記取教訓而改掉壞習慣。

要培養孩子獨立的能力，就要讓他有更多練習的機會。有個孩子要求的生日禮物是DIY的狗屋材料，他想親自為愛犬蓋一間小屋。爸爸滿足孩子的願望把材料買回來，卻乾脆幫孩子完成組裝，組裝完還意猶未盡地上漆、上蠟。結果，孩子回來看到狗屋成品，完全沒有喜悅之情，因為爸爸把孩子想做的工作做完了，剝奪了他的樂趣以及親自為小狗蓋房子的想望。

每個人的一生中都有許多夢想和願望要去實現，這就是在開創自己的命運；我們的命運都掌握在自己的手裡。有本書中提到一個例子：有個年輕人去算命，命理師斷言他的壽命將在年底前遭逢重大變故而結束。年輕人聽信其言而無心工作，終日懷憂喪志；同事就介紹他去向一位有修為的老者尋求幫助。老者對年輕人說：「你的命運掌握在你的手上。」年輕人不解。於是老者承諾，只要年輕人能登上玉山，找到一塊溫熱的石頭並將之帶回，他就有辦法幫年輕人消災解厄。

年輕人果然費盡了千辛萬苦登上玉山頂峰；然而，一片冰天雪地中，怎找得到溫熱的石頭呢？年輕人萬念俱灰地坐下來，慨嘆自己命運多舛，就要英年早逝。不知過了多久，年輕人打算下山回家等死，起身整理行囊之際，意外發現剛剛坐過的石頭竟是溫熱的。年輕人這時才恍然大悟老者所說的：「你的命運掌握在你的手上。」

孩子的命運當然也掌握在他們手上，所以要捨得讓孩子吃苦，給他學習的機會。在孩子的成長經驗中，每件事都是一種學習，可藉由經驗成就面對問題的能力；父母應從旁鼓勵並指導做事技巧，而非剝奪孩子的學習機會，畢竟，我們不能伴隨孩子過一生，因此必須培養孩子處理事務、承擔責任、化解委屈的能力；如果事事越俎代庖，反而是害了他。

所謂「兒孫自有兒孫福，莫為兒孫當馬牛。」對於孩子的未來，父母實不必操之過急；應先培養孩子開創前途的意志和能力，然後放手讓他自由發展，創造自己的美好前程。

培養孩子幽默、樂觀的個性

凡事都是一體兩面，你可用負面角度解讀，也能用正面角度看待；父母能幫助孩子剖析事情的正反兩面和利弊得失，就可打開偏執的視野，培養樂觀的人格。

樂觀是解決問題的方法，幽默是脫離困境的智慧；因此，父母應盡可能培養孩子幽默和樂觀的性格，讓他能以正面、快樂的角度看待事情，不致陷入無謂的沮喪和懈怠中。

從前有一位國王，他最重用的大臣就是一個天生樂觀的人。國王問大臣天氣驟變、烏雲密布，是否為不祥之兆？大臣微笑回答，這沒什麼，是正常的天氣現象。國王又問，那河水無端氾濫，是否為不祥之兆？大臣同樣微笑回應，這是疏於治理所致，並無不祥之兆。一天，國王外出打獵，指頭不小心被弓箭所斷，國王問大臣是否為不祥之兆？大臣微笑答說，這沒有什麼，因為您不小心，所以該斷的時候就會斷了。國王聞言大怒，認為大臣冒犯自己，就把他關進大牢。即便如此，這位大臣仍然保持平靜的心情安度牢獄歲月。

時過三年，國王早已遺忘了大臣。有一天，國王到從沒去過的遠方狩獵，不料被當地的野人族群逮捕；依野人傳統，入侵狩獵者將處死以祭神謝罪。就在國王行將就刑之際，野人發現國王竟斷了一截指頭。依據傳統，貢獻給神明的人必須四肢健全無缺；國王少了一根指頭，若用之祭祀，將褻瀆神明。因此，就改由隨侍的大臣代罪受死。

國王被釋放後，才忽然想起那位還在大牢裡的大臣，於是前往探視並向他再三道謝。國王問大臣是否怨恨國王？大臣說：「要不是當年國王判我入獄，今日代國王受死的人就是我了。」這就是樂觀正向的想法。

凡事都是一體兩面，看待事物不能偏執一邊。下雨了，孩子要是抱怨不能出去玩；媽媽就要安慰孩子，因為下雨，所以我們可以一起看電視、好好聊聊天。孩子考不好了，媽媽要安慰，下回有更大的進步空間。你可用負面角度解讀，也能用正面角度看待；父母能幫助孩子剖析事情的正反兩面和利弊得失，就可打開偏執的視野，培養樂觀的人格。

若孩子表現不如你意，請父母要領悟到：孩子有他自己的路要走，不要強迫他活在父母的期待下；但要培養他樂觀進取的態度，才能從容、愉快地應付競爭壓力與任何瓶頸，積極地開創自己的人生。

「師父引進門，修行在個人。」無論你吸收到再多知識、得到再多啟發，重要的是身體力行。有個人每天都熱切祈求菩薩能大發慈悲，讓他中樂透。兩個月後，菩薩再也看不下去了，就顯靈對他說：「我可以讓你中獎，但首先也是最重要的，就是你必須自己去買張樂透。」這雖是笑話一則，但意在告訴我們，心動不如行動，坐而言不如起而行。請立即將你的所學，確實應用在實際的親子互動中，尤其是「同理心」、「我愛你」、「傾聽」等教養孩子的基本原則；這樣才能真正改善親子關係，並培養出優質的孩子。大家一起為孩子努力吧！

SMART的親子教養祕笈

做自己與孩子的心靈工程師

- 孩子放學回到家就書包一甩，然後打開電腦玩線上遊戲。
- 孩子的功課非常好，卻仍然沒有自信。
- 孩子出門像丟掉，進門像撿到。
- 孩子愛罵髒話。
- 孩子不吃飯就要看電視。
- 到大賣場，孩子看到琳瑯滿目的玩具就吵著要買。

◎蔡毅樺（諮商心理師）

現代父母十分關心孩子的成長和教養，不但必須在百忙中陪伴孩子，還得不斷自我成長。有兩個小孩的我，十分能感同身受這箇中辛苦。加上我是一名諮商心理師，在從事實務工作與實踐親職教養的過程中，更能體會青少年和父母雙方的心聲及困難。

從親子關係覺察出發

有時候，孩子就像是天使；但有些時候，他們也很像惡魔。「如果可以重新選擇，你還願不願意當孩子的爸媽呢？」

「如果可以重新選擇，你還願不願意當孩子的爸媽呢？」透過這種親子關係覺察，目的是讓父母有機會重新反省自身親職角色的甘與苦。不論答案是「願意」或「不願意」，這個思考過程就是在覺察為人父母的角色與關係；並且，這些「願意」或「不願意」的想法和念頭，都活生生地影響到父母與孩子的互動關係及品質。

有時候，孩子就像是天使；但有些時候，他們也很像惡魔。對孩子而言，大人不也是如此嗎？有時會有慈藹、悲憫、溫柔的一面，有時就會表現出不耐、生氣和恨鐵不成鋼的挫敗感。

在親子關係覺察中，若你選擇「願意」繼續當孩子的爸媽，請你牢記這樣的正向經驗，同時在未來的親職生活中，繼續以此正向念頭支撐這一甜蜜的負荷。同樣地，若你選擇「不願意」，也請你探索究竟是什麼原因，造成你無法看到孩子天使的那一面、無法在負荷中找到甜蜜的滋味？

當然，父母若不能照顧好自己，就更無法照顧好孩子！沒有快樂的父母，通常也很難有快樂的孩子。覺察自身的父母角色，並且學習自我照顧，都是我們當孩子心靈工程師的重要起步。

分享式的溝通

小學階段，是和孩子建立「分享式的溝通」的最佳時期，因為這時期的孩

子喜歡黏著父母談天說地。親子互動的重點不在時間的長短，而在互動的品質。

誰綁架了你的孩子？乍聽之下，這個議題十分可怕，但我們要討論的是，為何孩子常常和父母不同心？父母抱怨孩子不聽話，連吃個飯、洗個澡都要唱反調；尤其當孩子看電視和玩電腦時，更是叫都叫不動；於是家長們高呼：「孩子被電視和電腦綁架了！」沒錯，這是社會生活型態改變後，所引發的親子互動和教養問題。所幸，父母都有危機意識，能進而關心並尋求解決之道。

要解決孩子沉迷網路世界的問題，父母的首要功課就是瞭解網路世界。

有個電視廣告描述了處理孩子沉迷網路的不錯對策：孩子放學回到家就書包一甩，然後打開電腦玩線上遊戲；爸爸苦無機會和孩子互動。後來爸爸靈機一動，乾脆上網和兒子一起玩；在線上遊戲中，他們可以是夥伴、可以是敵人，從互動中有了話題，進而建立情誼，改善了親子關係；之後，爸爸才有辦法進一步有效地教育和規範孩子。

而不可否認地，看電視確實有放鬆心情、紓憂解悶之效。下班回到家後，我們不也希望能輕輕鬆鬆地休閒嗎？孩子當然也是；父母的責任，是幫孩子過濾適合的節目。其次，即使不能禁止孩子看電視，也要節制他看的時間，或者學習如何讓看電視成為親子間的良好互動。要順利達成此目的，就要學習「分享式的溝通」。

所謂「分享式的溝通」，意指：親子互動的品質，更重於親子互動時間的長短。

您每天花多少時間跟孩子相處呢？當我問這個問題時，曾有一位媽媽理直氣壯地說：「一天二十四小時，我至少就有八小時陪孩子！」這真的很不簡單！扣掉工作和睡覺，她幾乎都在陪伴孩子。我接著問她都陪孩子做些什麼呢？媽媽回答：「孩子很愛看電視，我就陪他看。」我繼續追問看什麼電視節目?她說:「看『台灣霹靂火』的邢素蘭和劉文聰。」那看完之後呢?她說:「看完都九點半了,當然就去睡覺!」我告訴這位媽媽,她願意陪伴孩子的觀念很好,做到了九十九分,可就是少了一分,這一分就是「分享式的溝通」。

父母應儘量陪伴孩子一起從事活動,任何事都好,哪怕是看「台灣霹靂火」這類的電視連續劇;重點是,看完之後要跟孩子進行討論。「分享式的溝通」最簡單的方式是問孩子,看完這一集後,令他印象最深刻的是哪一個畫面、哪一句話或哪個角色;儘管孩子可能回答:「我若是不爽,我就想要報仇!我若是想要報仇,就會送你一桶汽油、一枝番仔火(火柴)和一個雞蛋糕(指手榴彈)!」

從孩子興致盎然地模仿劉文聰的經典台詞,父母就應該進一步瞭解他的想法,並適時介入處理孩子所反映出的價值觀。若看完電視就各自去睡覺或各做各的,沒有時間會心交談;那麼,親子之間共處的時間再長,坐在一起看影片的時間再久，仍宛如電影院裡比鄰而坐的陌生人，當然難有良好的互動關係。

分享式的溝通就是一種進入孩子心理世界的方式，讓孩子有機會去敘述電視中或生活中令他印象深刻的畫面、對白或角色，親子間就可藉機搭起一座心橋，父母可以當孩子的心靈工程師，和他討論對劇中人事物的種種看法。

也許，孩子的回答可能是「原來也可以用火柴點生日蛋糕，我都沒想過。」也可能是「這樣的台詞夠酷！我喜歡撂狠話的快感！」這兩種回答所代表的意義完全不同；前者是單純的功能性意義，後者代表孩子的價值觀可能有偏差，父母就必須進入孩子的世界，並給予機會教育。這就是「分享式的溝通」與製造「有品質的親子互動關係」的簡單技術。

再說，「互動的品質」與「分享式的溝通」，是可以在生活中隨時進行的。孩子放學回來，我會問他學校發生的趣事或特別的事件；去一趟超市購物，就問他是否發現什麼新鮮好玩或印象深刻的事物。有一次，我的孩子提到班上的同學很搞笑，還邊說邊表演；從孩子的描述過程，就可窺知他對友誼的看法以及處理人際關係的態度等。

父母要放下身段，進入孩子的內心世界，才能拉近與孩子的距離，建立起能夠有效溝通和討論的親子關係，孩子才會受影響而有正向的改變。小學階段，是和孩子建立「分享式的溝通」的最佳時期，因為這時期的孩子喜歡黏著父母談天說地；等到孩子長大了，逐漸建立起屬於他自己的世界，就不那麼容易了。

再者，上述這位媽媽一天陪孩子八小時；對很多父母來說，這麼長時間的陪伴可能是奢求，尤其是蠟燭兩頭燒的雙薪家庭。但目前我們正積極提倡「一分鐘父母」或「五分鐘父母」，這樣的時間不能再說太長了吧！專家指出，親子互動的重點不在時間的長短，而在互動的品質。如果每天陪伴孩子八小時，看完電視之後就各自上床睡覺，那實在起不了太多教育與陪伴作用。

若你無法抽出太多時間，但很願意花一分鐘或五分鐘放下手邊工作，專心和孩子面對面談心，讓他有機會訴說，讓你有機會傾聽，藉此瞭解孩子一天的生活情形、所思所行；這樣一分鐘的互動品質，絕對要比前述八小時的陪伴更能凝聚親子間同心的情誼。

不要老是只讓孩子看見你的背影，不要讓孩子對著你的後腦勺說話；因為我們都需要被尊重、被當一回事。「生、心理的專注」及「尊重孩子」，是建立良好互動品質的第一步；每天只要一分鐘或五分鐘的時間，請您放下手邊事務，專心以孩子為主體，這樣的互動真的不難！

只是，如果之前並沒有這樣的經驗，一開始可能會不太習慣，孩子也會認為爸媽怪怪的。但請堅持下去，一段時日後，孩子不但會習慣，還會喜歡你這麼做，更會因為你的善意對待而學會尊重他人；同時，你的傾聽會讓他肯定自己的價值，不但成就自己，也讓親子關係得以更親密。

多元金字塔價值觀

人生中各種不同能力、不同價值的金字塔，都應該被父母看到並重視。若父母只用單一價值來看待孩子，認定「不會讀書就是沒有用的人」，將會引發更糟糕的結果。

一方面，我們不滿「孩子成天被電視和電腦綁架」的生活型態；另一方面，我們卻也毫不自覺地受「會讀書，才有前途」這個單一主流文化價值所綑綁。殊不知，凡是以「會不會讀書」來斷定一個人的前途與價值，甚至憑此認定他是不是一個好孩子，這種偏差想法往往傷害了孩子，也破壞了親子關係。

我們常用金字塔的概念去評論孩子在群體中能力的高低。然而，人生中應該有許多不同價值觀的金字塔，除了讀書金字塔之外，我們常常忽略了還有繪畫金字塔、人際關係金字塔……等等；如二〇〇四年奧運跆拳道金牌得主朱木炎和陳詩欣，就是處在體育金字塔頂端。換句話說，有些孩子雖然功課不佳，體育也不在行，但人緣極好，或是很誠實、很勤奮等，這些人生中的各種不同能力、不同價值的金字塔，都應該被父母看到並重視。若父母只用單一價值來看待孩子，認定「不會讀書就是沒有用的人」，將會引發更糟糕的結果——孩子就會用這樣的價值觀來看待自己，更形成其缺乏自信、無價值的自我概念及意向。

其實，功課好的孩子未必人際關係就好或辦事能力強；但我們發現，當班上要推舉代表人物時，孩子總是推派功課好的同學，因為他們也被單一「會讀書很重要」的價值所影響。教育當局近年來所推廣的多元文化思考、多元教學方式、多元入學管道等措施，無非企圖打破這種單一金字塔價值觀的迷思，要讓不同專長的孩子都能得到相應的發揮與成長空間。

為何必須用多元金字塔價值的觀點來看待孩子呢？舉例來說，有個胖胖可愛的男生，因為笑容十分燦爛，我都打趣稱他是彌勒佛；然而，他每次前來諮商時，總是低著頭、四肢僵硬地走進來。詢問之下，方知他總是一到學校就肚子痛，為此困擾不已。其實，這是因為學習上遇到障礙，心理引起生理反應的結果。

這孩子其實相當具有繪畫天分，只可惜這項才藝在目前國中的課業評量比重上，並不能獲得太多的肯定與讚賞。我試著讓他瞭解他有屬於自己的金字塔，並說服他的家長認同這一點。一段時日後，這孩子慢慢發現有人懂他，並能欣賞他在繪畫上的表現以後，上學就不再肚子痛了。當然，他的學業成績並不能立即有所改進，這是我們必須接受的事實，因為讀書並非他擅長爬的金字塔；但如果能當孩子的伯樂，賞識孩子的優點，協助他進行適性發展，孩子的身心就能因為多元金字塔價值觀而獲得救贖了。

電影「魯冰花」和「小孩不笨1」、「小孩不笨2」都是很值得大家觀賞的影片，故事的主旨就是要打破對單一讀書金字塔價值觀的迷思。父母必須瞭解，很可能孩子並不是故意不讀書，而是他另有其它的興趣和專長；父母就是要當孩子的伯樂，發現、引導及欣賞孩子的強項，讓他有自信地投入感興趣的事物、獲得生活的樂趣，並找到人生的意義與價值。

記住對孩子健康、快樂的期望

要責備、要求孩子時，請先問問自己：你所要求的事，與孩子的身心健康快樂有關嗎？

除了具備多元金字塔價值觀之外，我們還要時時檢查自己，是否違背了對孩子最根源、最核心的渴望與期待。

賺大錢、事業成功、婚姻幸福、身心健康快樂，如果只能有一個選擇，你希望你的孩子擁有哪一項呢？此時，相信絕大部分的父母，都會捨去其他選項並單純地只希望孩子能擁有健康快樂的身心。請記得你的這個心願，然後請再回想一下，當你趕著孩子去補習時，是因為不去補習會讓他身心不健康、不快樂嗎？還是更擔心他若沒拿好成績，未來就無法賺大錢呢？

換句話說，父母必須記住自己對孩子健康、快樂的期望；下次再要責備、要求孩子時，請先問問自己：你所要求的事，與孩子的身心健康快樂有關嗎？因為，我們的行為經常違背了我們對孩子最基本的渴望與期待；甚至因為繞不出讀書金字塔的單一思維，仍然有意無意地做出戕害孩子身心健康的行為。

如何改變呢？請隨時提醒自己：當你氣孩子考不好、氣孩子不努力用功，甚至就要脫口說出傷害孩子的言語時，先停下來捫心自問：「有這麼嚴重嗎？」再想一想，我的生氣為何而來？是因為他不能獲得健康快樂的身心？還是因為不能有好成績、事業成功並賺大錢等其他附加的渴望呢？

曾經有個六歲大的孩子透過社區心理諮商電話向我尋求協助，問的竟是簡單的數學加法問題。有別於大多數帶著極深情緒與創傷經驗的諮商電話，我一時間還真的反應不過來。

協助這個孩子解決簡單的一位數加法後，除了肯定他的積極學習態度之外，也不免讓人擔憂與疑惑：「是他的家人不會教他簡單的數學嗎？還是父母忙著拚經濟而沒空協助孩子學習？」我揣想著：是何種家庭生活以及親子關係，讓電話那端的孩子必須向心理諮商機構求助數學問題？同時問自己：為拚經濟而忽略孩子的成長需求，這種行為到底是疼愛孩子還是傷害了孩子？

實務中經常會發現，父母本著「愛孩子」的教養動機，卻不自知造成了「傷害孩子」的事實與後果。

有一回，我在處理一件虐待兒童案的強制親職教育（依「少年事件處理法」規定，凡孩子累犯的原因是由於父母的不當管教所致，得強制該父母接受親職教育輔導），施虐者正是孩子的親生父親。他要求孩子進門時必須順手把門關上，孩子回說：「不要！你自己關！」爸爸就氣得抓起木條往孩子身上猛抽；虐待的事實，正烙印在孩子遍體鱗傷的身上。

一進諮商室，這位終日忙著努力拚經濟的爸爸，便以台語大聲叫嚣：

「你這什麼政府！我在教囝仔，還叫我請假來聽你訓話……」對於孩子的不當行為，這位爸爸的處理方式就是把孩子吊起來毆打。我能體會他那種恨鐵不成鋼的心情，也能理解他在忙碌的工作之餘，實在沒有太多時間關心孩子；於是，打罵成為他所認為最快速有效的教養策略。

請問，孩子不關門有那麼嚴重嗎？他關上門就會身心健康快樂嗎？爸爸會這麼生氣，平心而論，其實是因為尊嚴被侵犯，而非純粹是為了孩子好。

當然，爸爸也會辯解，這完全是為了養成孩子良好的生活習慣；但是，我仍試圖協助他明白「疼愛，不該是傷害」的內涵。我相信他一定是愛孩子的；只是，用這種打罵的教養方式，讓他愛孩子愛得很孤單；而且，這樣的愛，讓孩子一見到爸爸就想躲得遠遠的，甚至驚動了左右鄰居通報為虐待兒童。

我們相信，全天下的父母都深愛著自己的子女，這位爸爸也不例外。

父母對孩子總有無盡的擔心與期待，卻往往因為有過多的要求、謾罵甚至責打等不當的管教方式，結果掩蓋了對孩子最初且最深層的關愛。我們必須提醒各位父母：打罵不等於疼愛，也不是『愛之深，責之切』的表現；管教應該採用親子雙方都願意接近和接受的愛的方式。

壓垮駱駝的最後一根稻草

親子關係就像在跑馬拉松一樣，是一條漫漫長路；過程中，我們必須先學會照顧好自己的情緒，幫助自己與孩子找出釋放壓力和情緒的方法與管道。

在親子互動過程中，父母會有負向情緒是很正常的；況且，生活中本來就有不同的壓力來源。但是，父母也得提防自己的負向情緒和累積的壓力變成「壓垮駱駝的最後一根稻草」。

「壓垮駱駝的最後一根稻草」效應，是心理學上經常提起的故事——

主人帶著一頭駱駝在沙漠中行走，駱駝揹了十公斤的行囊；但對駱駝而言，這點重量根本是小意思；牠踩著輕快的步伐，高聲歡唱：「毋驚風、毋驚浪，我是世界第一等……」一段路途後，歌聲還繼續著，但已見沙啞和喘息，步伐也慢了下來。此時，主人又在牠背上加了五公斤的貨物，駱駝還是盡忠職守地向前行，但已忍不住出現痛苦的表情了；牠含著眼淚、帶著微笑地唱道：「愛拚才會贏……」不料，天空忽然飄來一根稻草，正好落在駱駝的背上；這時，駱駝就不支倒地了。

駱駝既能承受十五公斤的重量了，怎就消受不起這區區幾毫克的一根稻草呢？這則故事在心理學的啟示是：每個人所能承受的壓力是有限度的；如果父母在生活中持續不斷地出現負向情緒與累積壓力，又沒有適當的調適與處理，就極有可能會因為一件無足輕重的事件而全盤崩潰，甚至演出親子間的全武行。

換句話說，我們必須先好好照顧自己。畢竟，親子關係就像在跑馬拉松一樣，是一條漫漫長路；過程中，我們必須先學會照顧好自己的情緒，幫助自己與孩子找出釋放壓力和情緒的方法與管道。其實，壓力都是累積而成；父母和孩子若都沒有機會去整理自己的情緒，沒有適時將心中的垃圾傾倒出來，當滿載到臨界點時，就再也承受不住一點點的刺激了。

相信很多人都有這樣的經驗：白天上班被老闆臭罵，或售出的產品被退貨；晚上一回到家，又被冒失衝出的孩子擦撞了一下，於是就忍不住破口大罵孩子……這就是典型的「壓垮駱駝的最後一根草」效應。平常的你，是不至於這樣情緒失控的；但當天累積了太多不滿情緒，再也壓抑不住就潰堤了。

當然，孩子也會有這種情形；他在學校一整天，也可能累積了不少負面情緒。父母要關心和學習的，是幫助孩子找出紓解壓力與情緒的方法與管道。

親子間的互相期待與影響

如果你希望孩子會讀書，就千萬別在他面前咒罵：「你是豬啊！」甚至更惡劣地辱罵：「你是腦震盪的豬！」

很多孩子找不到自己的價值，因為他被放在讀書金字塔下，卻不是讀書的料；儘管有其他特長，但仍無法建立自信。這是因為父母、師長沒有扮演好孩子的伯樂，沒有發現孩子的長才，也沒有幫孩子找到自我價值。

有些孩子的功課非常好，卻仍然沒有自信，因為他很少受到父母的肯定和讚美；考了九十九分，父母會責怪為何粗心被扣一分。父母認為孩子不夠好，孩子就會自認不夠好，哪怕已是班上前三名了，仍沒有自信；甚至拚上第一名，都還要時時擔心下次會被別人超越。如果我們願意和孩子面對面溝通，願意當一分鐘的父母，願意用多元金字塔價值觀來看待他，孩子就會有不一樣的概念、得到不一樣的自我形象，才有更多能量去因應人生的各種挑戰。

心理學上有所謂「自我應驗效應」（self-fulfilling prophecy），指的是預期或期望的高低好壞，會影響結局高低好壞的一種效應。亦即，當孩子覺得自己的數學能力好，他考高分的機率就大；如果自認是個數學白癡，恐怕他這輩子都會放棄數學了。因此，如果你希望孩子會讀書，就千萬別在他面前咒罵：「你是豬啊！」甚至更惡劣地辱罵：「你是腦震盪的豬！」這些不當的羞辱，其實已經漸漸在戕害孩子的自我概念，進而形成他的負向自我應驗，導致他自我放棄。

反之，父母若以明示、暗示地鼓勵孩子：「你一定做得到的，我相信你！而且你就比昨天做得更好啊！」孩子就能朝著父母讚美的方向成長與前進。孩子得到父母的肯定，也會形成正向的自我概念，頭上儼然出現光圈、身上彷佛長出一對翅膀，就要展翅高飛了。當然，父母讚美孩子的表現時，一定要能明確指出孩子好的事項或能力，讓他能具體掌握到被讚美的事項，同時在持續累積的正向經驗中成就自己。

我們對孩子有期望，可曾想過孩子對我們也有期望？你的孩子希望你是怎樣的爸媽呢？

我曾輔導過一名小學生，他生長在單親家庭，媽媽要兼顧家庭和工作，十分辛苦。我問他希望媽媽有些什麼改變可以讓他過得更好？

他居然不假思索地回答：「直接換掉這個媽媽就行了！反正我的希望她都做不到！」

難道是他的要求太多嗎？其實，他對媽媽的期待並不苛求，就是希望媽媽能多陪伴他；但遺憾的是，他的媽媽總是做不到。

當然，父母對於孩子的期待不必照單全收；若孩子毫無節制地要玩具，父母是不該有求必應的。但是，瞭解孩子的期待，與之對焦，就能得知他是如何看待父母，必要時可立即澄清；例如，說明為何不能再買玩具的理由，以及可以換成何種方式滿足他心理的需求等等。總之，就是要讓孩子知道，我們瞭解、在意並重視他的想法和渴望，並樂於與他溝通。

你的孩子如何介紹你呢？這是瞭解孩子對父母期望的一個線索。作文「我的爸爸和媽媽」中，他寫的是理想中的爸媽，還是現實中的爸媽，還是別人眼中的爸媽呢？有個孩子的作文就寫到：「我媽媽對別人都很好，對我就不好……」這當中隱含許多問題，值得父母關心。

每個人從原生家庭（Family of origin）中學來的經驗，將會影響到自己教養孩子的方式。原生家庭是指個人出生後所被撫養的家庭；在我們一生當中，對我們影響最早、最有力，也持續最久的，就是原生家庭經驗。我們會不自覺地把自小被父母對待的模式內化，套用在各種人際關係中；於是可發現，我們的親子互動型態其實很像影印機，完全複製了當年父母對待我們的方式。

你覺察到了嗎？如果你很愛叨念孩子，是不是當年你的爸媽也總是碎碎念地對待你呢？你常忍不住要動手打孩子，是否當年也挨過不少父母的籐條呢？而當年的你，喜歡被父母用這樣的方式對待嗎？很多兒虐的施虐者就表示，自己也是被父母打大的。雖然父母管教孩子，出發點都是為孩子好；但是，不當的方式就會造就出行為偏差的孩子。上述被強制進行親職教育輔導的爸爸，就是複製了他當年被管教的方式，他的孩子也承襲了他當年的不快樂。

你現在教育孩子的方式，是不是複製了你的原生家庭經驗？如果你的打罵孩子，是由於自己當年也習於被打罵，那當年的你快樂嗎？你願意孩子再複製你的經驗嗎？如果不要，就試圖找出不一樣的方式來對待孩子吧！

我們可以使用「現實治療」學派的觀點：它教導我們透過問問題的方式，來檢查行為與想要的目標是否一致。例如，自問「我想要的是什麼？」「我現在在做的又是什麼？」去覺察自己的內在需要及目標，並確認這樣的作法是否能讓你的「想要」實現，還是會反其道而行、離渴望的目標愈來愈遠？

曾經有位媽媽向我抱怨，她那正值青少年的孩子常不回報行蹤；她說：「孩子出門像丟掉，進門像撿到。」換句話說，孩子一天到晚在外頭鬼混，不見蹤影。

我問她，「難道孩子都不曾早早回家嗎？」

她說，「有啊！我就會跟他講，你的朋友今天都死光了嗎？不然怎麼這麼早回來？」

不是希望孩子早點回家嗎？為什麼孩子回來了，卻又冷嘲熱諷？

回過頭來看「現實治療」學派的觀點。當孩子提早回來，媽媽應該對孩子說：「看到你這麼早回來，我真的很開心、很高興！」如此才能增強孩子早回家的行為。如果還說些「是不是外頭颳颱風才把你吹回來？」這類挖苦的話語，就等於是把孩子再往家門外推出去。有時候，父母難免口是心非，完全是因為太生氣而口不擇言；而不當的言辭，其實相當傷害親子關係，更與自己所想要達到的目標漸行漸遠！

做一個懂得讚美孩子的父母

父母懂得欣賞孩子的進步，並能不吝給予讚美，孩子就能在被鼓勵與愛的環境中學習成長。

發展心理學大師艾瑞克・艾瑞克森（Erik Erikson, 1902-1994）提到，人在不同時期有不同的發展任務。

零到一歲半的嬰孩正是發展信任關係的階段；可帶孩子去遊樂區，觀察他與其他小朋友的人際互動模式，而窺知他對人的信任感。此時若能多給孩子自我安全感，他將來對人的信任感就會提高，而能發展出良好的人際關係。

一歲半到三歲是發展獨立自主的階段。孩子會不斷嘗試著自己將食物送進嘴裡，或者凡事都要自己動手做，此時父母要協助孩子建立自主權。

三到六歲階段為發展自動與自發的特質。若父母不能讓孩子充分經驗自動自發，孩子就會較沒自信心，凡事都沒有把握而顯得退縮和害羞。

六到十二歲的學齡兒童，他們的主要發展在培養勤奮、努力。此時，父母師長應協助孩子多去從事各種活動，讓他學習自我管理，培養勝任感。如果這部分的能力發展不良，則會感到自卑或自貶。

父母想要協助孩子勝任每個階段的學習發展，就要從懂得讚美孩子開始。

孩子考了九十九分，若你的第一反應是「那一分跑哪兒去了？」孩子就會覺得，無論他怎麼努力都達不到父母的要求而徒增無力感。如果一個常考五十分的孩子，有一天考了五十六分，你就稱讚他比上次進步了；這樣他會比較有自我控制感，也不會因此自卑和自貶。

千萬不要拿孩子和別人比。讚美孩子的過程中，要看孩子是不是比昨天的自己更進步，這才比較符合孩子的狀況。能夠賞識孩子的小小進步，並不斷加以鼓勵，才能帶動孩子的大大改變。

有個小女孩原是處在讀書金字塔的底層，成績總在倒數三名內。有一次，她考了九十分，全家都歡欣鼓舞；媽媽還把這張考卷貼在最醒目的牆上昭告所有人，並對女兒說：「你真的做到了！」讓女兒知道可以憑自己的努力達到想要的目標。雖然小女孩知道班上其他人都考一百分，自己考九十分仍然敬陪末座；但媽媽的反應，讓女兒建構良好的自我控制感而產生自我激勵作用。由於媽媽懂得欣賞孩子的進步，並能不吝給予讚美，孩子就能在被鼓勵與愛的環境中學習成長。

既然讚美和鼓勵能夠激起向上的動力，當你希望孩子有某種行為時，就要設法增強它；增強的方式，就是給予適時的口頭鼓勵和適當的物質獎勵。但須注意，獎勵不能氾濫成惡習，也不能讓孩子變成為了獎勵而行動。例如，孩子表現良好，前三次都給予獎勵，之後就要跟孩子溝通，因為他都做得到且做得很好，所以改成五、六次才給獎勵；過一段時日後，再調整成不定期給予獎勵；孩子不知何時可以得到獎勵，就會繼續去做。

專家研究指出，初期行為的建構要透過立即增強的方式；而中後期可採間歇式的增強來塑造孩子持續的改變。若是一直採固定立即增強的方式，有時孩子會變成為了獎勵而行為，反而模糊了行為意義，而衍生出「要禮物才行為」的另一個頭痛問題。

家長們也可以採用「代幣制度」策略。舉例而言，若孩子自動起床，可在計分表上畫一個笑臉；若賴床，則畫一個哭臉；集滿七個笑臉可以換一個禮物。當孩子畫上笑臉時，他一定很開心、有成就感，有動力明天再早起。孩子可能不願畫上哭臉，此時就要鼓勵他：「只要早點睡就辦得到，加油！」

孩子每天開心地畫上笑臉，這就是固定式的增強。一段時日，孩子都能早起後，就要改成間歇式增強，不必再集笑臉換獎勵了。這時可換成由媽媽留心觀察，孩子哪一天起得早、動作快，一切都能自動自發完成，就給予獎勵；並不時給予擁抱、口頭讚美等社會性增強，孩子才能跳脫因物質獎勵而行動的模式，有效完成良好的行為形塑。

正向看待孩子的行為

沒有不好的孩子，只有不會賞識孩子的父母和老師。每個孩子都有長處，關鍵在於這些優點有沒有被發現和看重。

孩子的優點需要不斷被發現而得到讚美；只是，做父母的能否做孩子的伯樂？試問，你能馬上舉出孩子的五個優點嗎？

有一次，一位接受強制親職教育輔導的爸爸表示，孩子一點優點都沒有，他感到失望透頂，想要直接斷絕父子關係。

我一再追問，請他仔細想想孩子的優點；他仍斬釘截鐵地說，他完全看不到孩子的任何優點。

我們可不可以在孩子身上看出不同的金字塔？我們願不願意當孩子的伯樂？我們可不可以在孩子身上多貼一些閃亮的貼紙，而不是畫上一個個大叉叉？

以下借用網路上曾流傳的一則故事，來說明父母如何賞識自己的孩子：

古時候，一位員外有三個兒子，他們的智商一個比一個低。智商會影響學業表現，加上員外又只看到讀書金字塔，心想：若不請個家教幫助兒子，兒子恐怕無法出人頭地。徵求家教的公告貼出後，好不容易有一位書生上門應徵，但他表明要先測試員外的兒子，以便因材施教。

大兒子首先接受測試。老師出了上聯「東邊有一棵樹」，要他對下聯。過了三十秒，大兒子對出「西邊有一棵樹」。儘管對得實在不高明，但老師仍拍拍大兒子的肩膀說：「對得太好了！你的方向感很不錯，能夠東邊對西邊，真的很優秀！」大兒子從沒受到這般讚美，因此開心不已。由於老師讚美大兒子很有方向感，師生關係就有了正向的開始，未來大兒子在方向感方面的學習，肯定會更加賣力與用心。

輪到二兒子了；他的題目仍是「東邊有一棵樹」。二兒子急得滿頭大汗，只見他不斷喃喃自語：「東邊有一棵樹、東邊有一棵樹……」老師滿意地誇讚他：「你的短期記憶力真不錯呀！」

而三兒子面對相同的題目，只是伸手搔搔腦袋；兩分鐘後，終於開口哇哇大哭起來。面對這突如其來的哭聲，老師仍十分鎮定地說：「很好，答不出來會哭，表示你有羞恥心。」

這個故事告訴我們，沒有不好的孩子，只有不會賞識孩子的父母和老師；每個孩子都有長處，關鍵在於這些優點有沒有被發現和看重。而這位家教老師所做的，正是「正向看待孩子的行為」，欣賞孩子已具備的能力與特質，讓他肯定自我價值而願意去學習與努力。

不知大家有無這樣的經驗：不經意發現孩子抽屜底層有一張考卷，分數是五十九分；上面還簽了你的名字，但不是你寫的。有位媽媽很生氣地向我訴說孩子這種不誠實的行為。我安慰她說，從另一個角度看，可見孩子是有羞恥心的，而且他在意父母的眼光；如果孩子考了零分，還一副無所謂的模樣，那才真是要擔心了。

我們要讚美並肯定孩子，但並不代表不在意是非黑白；而是要從正向的角度切入，讓孩子覺得自己還是有價值，並感受到父母對他的賞識。如此，父母才能從正向的互動中，再慢慢教育孩子所欠缺的領域，讓他在有尊嚴、有價值的情況下學習；這絕對要比劈頭大罵更能達到教育效果。

如果孩子只會對出「西邊有一棵樹」，考試老是不及格，我們能不能用不同的角度看待，去發掘並欣賞他的特長？當我們能這樣做，就表示我們開始有不同的想法和認知，並會同時影響我們的行為反應。同樣地，當你用不同的眼光看待孩子，孩子也會對你另眼相待，並帶動家庭成長。

被欣賞和讚美會產生不可思議的能量，被批評和謾罵則會感到無力和挫敗。能正向地看待孩子，就能幫助孩子產生新的自我價值。

使用「正向解讀」（reframing）去看孩子所擁有的能力與行為，注重孩子已經做到的成果；而且，孩子的所有行為都可以被「正向解讀」。

有個孩子於七月暑假期間返校，烈日高掛的正午時分放學後，孩子走進一家便利商店，抓起冰櫃裡的冰棒就在門口大快朵頤，結果被店員報警處理。媽媽聞訊後趕到警局，又氣又傷心的她一看到孩子，就上前又打又罵。

我建議這位媽媽用「正向解讀」的觀點看待孩子，先欣賞孩子的正向優勢資源，並在正向互動中，教育他物權的觀念與忍耐的重要性。

你可能會問，這個偷冰棒吃的孩子有什麼值得稱讚的呢？沒錯，我們不能顛倒是非增強他偷竊的行為；但是，即使是偏差行為中，仍可看到孩子的優勢能力。在這個例子中，你看到這孩子手腳俐落、動作敏捷，能馬上得手冰棒的能力了嗎？其次，孩子在門口吃冰並不逃避，其誠實以對的態度應該被看到。其實，他還是個很懂得照顧自己的孩子，知道吃冰消暑，不必熱得苦哈哈。

如果媽媽能從這些正向的角度切入與孩子溝通，絕對要比直接破口大罵有效；因為，一開罵，孩子的耳朵就如自動門般關起來。當然，我要再次強調，孩子的不法行為不該被鼓勵；然而，正向地肯定孩子其他特質及能力，不僅能卸下他的心防，並能讓他看到自己仍有優勢的價值。創造出溝通的藝術，才能有效灌輸正確的價值觀。

總之，先肯定孩子已具有的優勢能力，讓孩子感受到父母是理解他的，並非惡意批評他；這時再導正行為模式，孩子就能接受教誨了。

親子間的情緒管理

孩子的偏差行為，其實是父母不快樂的代罪羔羊；因為孩子必須透過惹是生非來引起父母的注意和關心。

不要認為孩子是故意或惡意的，要相信孩子有他的困難，需要時間和方法來練習，才能矯正其不當的行為。

有個在家暴環境中成長的孩子，除了會打弟妹之外，也常在學校毆打同學。這孩子的爸爸很凶暴，孩子就不自覺地複製了爸爸對他的行為。我教這個孩子採用替代方法：當想對同學揮拳時，就把怒氣轉移至不會受傷的物件上，例如枕頭；另一方面，我也要求他的父母給予他發洩情緒的空間，並同意孩子的行為可採漸進修正，並給予替代方案。

這個之前總是二話不說就開打的孩子，後來在緊握拳頭時，會管理好自己的情緒，不再打人而轉換成罵人的方式。我再告訴他，凡想罵人時就用力拍手；練習幾次之後，他每次要拍手時，自己就覺得好笑而不罵人、也不拍手了。

又如孩子愛罵髒話，可請他以別的話語代替，例如，改說出一連串的水果名、動物名、交通工具名等；久而久之，自然能降低孩子的攻擊性，又能達到發洩情緒的效果。當攻擊性降低，不當行為削弱，就能漸進式地導正偏差行為，親子關係也不致鬧得太緊張。

沒有快樂的父母，就沒有快樂的孩子；因此，父母的自我情緒管理和自我照顧，其實相當重要。

有位國王要出兵打仗，行前校閱軍隊時，突然想起一事，就下令大軍暫時席地而坐等候。國王隨即轉身走向城堡，後面則尾隨大隊的貼身侍臣。國王直接奔入皇后寢宮，含情脈脈地問她：「這世界上，你最愛的人是誰呢？」大家可以猜到的答案有「國王」、「王子」、「全國子民」、「自己」，每一個答案都有充分的理由。

二十秒的靜悄悄後，皇后輕輕回答：「我最愛的人是我自己。」霎時四周鴉雀無聲，群臣全都屏息以待，等著國王的震怒降臨。只見國王低頭轉身，隨即步出寢宮，群臣也快步跟了上來。

走了一小段路，群臣開始聽到國王輕快的歌聲愈唱愈響亮。有大臣不解地上前詢問，國王笑容可掬地說：「我很高興皇后說她最愛自己。因為，只有能愛自己的人，才有能力去愛別人；能夠愛自己的人，才能給予別人無條件的愛。」所以，父母一定得先照顧好自己，給孩子的愛才能無條件且豐厚。

譬如：你背著孩子在崇山峻嶺間迷路，又不幸只剩一顆饅頭，該給誰呢？是給孩子還是自己？

大部分的父母一定都會選擇留給孩子吃；但是，如此怎有力氣背孩子下山呢？一個連自己都照顧不好的人，怎有餘力去照顧別人呢？

想想看，如果你下班回到家，已經又累又餓；孩子卻拉著你要這要那，你一定很難有好脾氣。如果你休息夠了，恢復了精神，看到孩子又跑又跳，就會覺得他們好活潑、好可愛。

出問題的孩子，通常都有不快樂的父母。在我們的實務上經常發現，孩子的偏差行為，其實是父母不快樂的代罪羔羊；因為孩子必須透過惹事生非來引起父母的注意和關心。問孩子覺得何時父母最關愛他，答案大都是「生病的時候」。

生氣的時候該如何幫助自己？首先，要能接納自己的情緒。當你不開心時，就告訴自己正處在情緒不佳狀態，要接受正在生氣的自己；這同時也會產生「自我暗示」效果，暗示自己能處理好這股情緒。

其次是轉移情緒。如果被老闆責備且不能還嘴、不能閃人時，就偷偷環顧眼睛所及的物品，然後默念出物品的顏色，例如：「地板是灰白色、檯燈是藍色、窗戶是乳白色、天花板是淡黃色……」這就類似於產婦陣痛時所運用的拉梅茲呼吸法，利用吸吸吐吐等口訣及呼吸方式，來移轉對疼痛的注意力而減輕疼痛感。同樣地，透過這種轉移焦點的方式來轉移負向情緒，既不會傷害對方，也不會讓自己變得怒不可遏。

暫停也是一種有效方法——先讓自己停下來，想想為何生氣？到底自己想要什麼？要用什麼方法才能達成？並不是說你不能再生氣了；如有負面情緒，還是建議找個情緒垃圾桶發洩一下。若你決定不要再生氣了，想換個方式解決問題，就可採用這個方式。

生氣時，不妨找朋友傾吐委屈和痛苦；若找不到朋友，也可自己聽聽音樂或出去走走散心。總之，要幫自己找到多元的方式來對應。

「改變時間架構」則能協助我們將生氣情緒轉化。我用故事來說明如何轉化：

小陳存了好多年的錢，好不容易買了生平第一輛夢想已久的車。拿到車的那一刻，他就急著往濱海公路開去，一邊徜徉於海天美景、一邊享受開車快感。沒多久，一陣碰撞聲，後面有個冒失鬼追撞上了小陳的愛車。

小陳火冒三丈地正準備下車找那冒失鬼理論；剎那間，前方二十公尺處突然掉下兩大塊落石，把大家都嚇壞了。小陳驚魂甫定，下車走向後面的冒失鬼，一把抓住他的手，連連鞠躬致謝：「還好你撞上了我；不然，現在我和我的愛車恐怕要喪身這兩塊大石頭下了。」

從這則故事，我們不難發現，小陳的情緒在短短二、三秒鐘即由負轉正；這就是運用了「改變時間架構」的技術。也就是說，當我們處在氣頭上，覺得就要火山爆發時，可以及時自問：「我十秒後還氣不氣？十小時後還氣不氣？十天後呢？十年後呢？」你會發現，當時間點改變之後，事件的意義與情緒張力都可能變得不同了。

常見的例子是：和男友分手後，充滿了怨懟與不甘；直到遇到下一任男友，才恍然大悟——正是前一段不愉快的戀情，讓自己瞭解適合怎樣的人，以及該如何愛一個人。或許你也曾抱怨爸媽不叫你起床，而害你上學遲到；但是，你以後開始使用鬧鐘叫自己起床，完全不再依賴爸媽也能早起。時間會改變你對事情的看法，更可貴的是，也許還能幫助你去原諒原本痛恨的人。

親子遊戲治療技術的運用

和孩子之間的互動沒有捷徑，只要確實遵守六點原則，保持親子間溝通順暢，化解不必要的衝突，就能做好自己和孩子的心靈工程師。

親子遊戲治療中，有個概念是「當孩子溺水的時候，不要強行教他游泳。」換句話說，應該先等孩子宣洩完情緒後，再做後續的溝通處理。

另一個是「兩害相權取其輕」的原則。——父母想改變孩子的習慣，決不能一味禁止，而是應該讓孩子有選擇的機會；這個選擇當然是父母所希望，但孩子可能不想要的行為。例如，孩子不吃飯就要看電視，父母可讓孩子自己決定吃完飯再看，或者吃完一半就可以看。

孩子在評估了這「兩害」後，很可能就會選擇「取其輕」的行為——吃一半就去看電視。整個改變的過程，你讓孩子有決定權，他會有受尊重的感覺；同時，因為是孩子自己的選擇，就願意遵守，父母的目的也達成了。

又如到大賣場，孩子看到琳瑯滿目的玩具就吵著要買；這時，你可採用「設限」技術。首先，你應該「指出孩子的感受」，對他說：「我知道你生氣了，因為我不讓你買玩具。」孩子才能感覺到你能瞭解他的感受。接著，再「堅定且溫柔地陳述限制及原因」，例如玩具太多、太貴、太常買等，所以不能買；並「提供能滿足孩子心理需求的替代方案」，像是科博館有提供這樣的玩具、可以向表姊借……等，讓孩子瞭解不一定要把所有玩具都搬回家。

因此，「指出孩子的感受」，加上「堅定且溫柔地陳述限制及原因」，最後「提供能滿足孩子心理需求的替代方案」，這樣既能有效運用「設限」，也規範了孩子的行為。

總之，和孩子之間的互動沒有捷徑，只要確實遵守下列原則，保持親子間溝通順暢，化解不必要的衝突，就能做好自己和孩子的心靈工程師——

一、照顧自己，做個快樂的父母，莫讓孩子成為父母情緒的代罪羔羊。沒有快樂的父母，就難有快樂的孩子。

二、每天花幾分鐘專心陪伴孩子，走進他的世界，傾聽他的心聲，與他談心。

三、以同理心感受孩子的心情。在責罵孩子之前，先回想自己當年的心情：「當時，我是……」「當時，我希望爸媽可以……」

四、認識多元價值，並當孩子的伯樂。「升學主義」這隻猛獸，最常橫阻在親子關係之間搞怪！請試著欣賞孩子讀書以外的專長，讓他在自己擅長的金字塔中成長，孩子會過得更快樂、更有自信。

五、適時紓解壓力，並協助孩子找出情緒出口。

六、正向看待孩子。接受他的能力，讚美並肯定他所完成的事，幫助他產生正面能量以應對人生。

加油！一起做自己與孩子的心靈工程師吧！

SMART的親子教養祕笈

親子關係與偏差行為

- 打架鬧事的孩子，面對訊問就回嗆：「你管我！」
- 面對飆車族、暴走族的孩子。
- 孩子對老師產生反感與不悅。
- 上英文課時，孩子用耳塞把耳朵塞住。
- 哎！我能管理別人，卻管不了自己的兒子！

◎黃富源（中央警察大學犯罪防治系兼任教授）

談親子關係有很多種角度，可從教育觀點著手，也可從心理層面出發。本人的研究領域在犯罪學，其中又特別鑽研少年犯罪和性犯罪；因此，我的報告將從孩子的偏差行為來探討親子關係。當然，這並不意謂我們的孩子都有或者都沒有偏差行為。犯罪學指出，犯罪不可能被消滅，犯罪行為一定恆存於社會；既是如此，從預防的觀點來探討孩子的偏差行為，對父母而言就更有其必要性和重要性了。

近年來，由於政治情勢不穩定，經濟發展也不甚理想，大家普遍過得不太快樂。還記得一九九七年四月，台灣發生了「白曉燕命案」；我曾對該案兇手陳進興進行過研究，也到過台北看守所與他訪談。

在陳進興小時候，父親就離他而去了，他跟著母親與繼父共同生活。繼父以賣醬菜為生，一大早就得工作；所以，每天早上五點左右，陳進興就必須起床幫忙。就在大人忙進忙出的同時，陳進興也在一旁跑來跑去；他解釋說：「即使沒做什麼事，一直跑來跑去，假裝很忙的樣子，就會讓大人覺得你有在幫忙。」

如果一個孩子從小就必須用心機、耍手段來討好大人，以謀取自己生存的最大利益，他的人格會朝哪個方向發展也就不難推知了。

家庭功能偏差，造成孩子行為偏差

家庭功能比家庭結構來得重要。也就是說，家庭結構完整，但父母相敬如「冰」、冷漠以對，或相敬如「兵」、爭吵不休者，他們的孩子更容易出現偏差及犯罪行為。

大部分的父母都自認相當瞭解孩子；但根據我們的研究，其實很多父母並不瞭解孩子。很多父母也自認明白孩子之所以出現偏差行為的原因，但事實證明也不盡然。舉例來說，一般認為，成長於破碎家庭的孩子，其出現偏差行為的機率較高；而某些研究的結果確實顯示，來自破碎家庭的孩子，其偏差行為比率高出正常家庭的孩子三倍。因此，便有人據以論定：破碎家庭是造成孩子出現偏差行為的原因。

但根據我最近的研究，這同時也是美國學界的研究方式：除了評量家庭結構因素之外，再加入管教態度、親子關係與家庭氣氛等有關家庭功能的變數後，就會發現，造成孩子偏差行為的原因，家庭功能其實比家庭結構來得重要。也就是說，家庭結構破碎但家庭功能健全的孩子，未必會步入歧途；而家庭結構健全，但父母相敬如「冰」、冷漠以對，或相敬如「兵」、爭吵不休者，他們的孩子更容易出現偏差及犯罪行為。

不可諱言，社會上仍有許多人執意把造成孩子偏差行為的原因，歸咎於家庭結構問題；於是，單親家庭成為箭靶，承受了許多冤枉的壓力；甚至連學校也會特別「照顧」、「關懷」單親家庭子女。這其實是令人窒息，承受不起的關愛啊！

觀念不正確，就會帶著有色眼光看待，給予單親家庭子女多餘的負擔。這種偏見亟待澄清；因為，單親家庭是未來台灣社會必然存在的一種家庭型態。我們必須以正常的角度和平常心來對待單親家庭，給予他們基本的尊重，必要時更給予適當的協助，沒有必要再散布「單親家庭造成社會犯罪」之類的謬論了。

失意挫折後，藉飆車獲得補償

飆車青少年在現實生活中，面對種種責難、萬般挫折後，車子正是他們展現才華的工具和反抗威權的象徵；因此，自然成為他們的最愛。

我在警察大學讀書時，曾到少年隊實習，遇到一個喜歡打架鬧事的孩子；面對所有訊問，他的一貫態度就是回嗆：「你管我！」言行十分囂張。一再軟言相勸後，才問出他父親的身分是某政府機關的科長。

在電話中，說明原委後，這位父親的第一反應是：「不可能！」他不相信寶貝兒子會因打架鬧事，而被抓進少年隊。再度確認相關資料後，他的反應仍是「不可能！」最後，只好請他走一趟少年隊。

見到孩子後，他的第一個動作就是使勁揮出一巴掌。其實，他的這一巴掌，不見得是為了孩子的違規行為，而是覺得孩子丟盡他的臉——他過於相信自己的管教，也認為自己的孩子不可能「變壞」。

我曾對飆車族、暴走族進行研究，發現他們視愛車如生命。尤其在這個「萬般皆下品，唯有讀書高」的社會，孩子功課不佳，彷彿就一無是處，得不到讚賞；這些孩子在沮喪之餘，只好另求其他表現，而飆車就是他們吸引別人注意、展現才華，以獲得成就感的方式。於是，他們拚命苦練，大秀令人捏把冷汗的特技。

難道他們不怕死嗎？我們發現，他們有討厭自己的傾向；因為社會排斥他們，連父母親對他們也沒有好口氣，他們常說：「乾脆死了算了！」但他們天不怕、地不怕，就怕受傷殘廢而無法再展飆車英姿，因為他們就只剩下這項才華足以炫耀了。

既然他們飆車是為了吸引別人注意，愛車一定會經過精心改裝，尤其特別注重聲光和速度。例如：把消音器拿掉，讓車子發出轟天聲響來引人注目；或更改變速箱；或者把車身漆得光彩酷炫，寫上「浪跡天涯」；而且寧願不吃飯、不睡覺，都一定要把愛車擦得光鮮亮麗……；這一切一切，無非是為了藉飆車表現自己，以引人矚目。

在飆車族的心目中，朋友會離開，但愛車不會，是絕不背叛的朋友；女友會變心，但愛車不會，是永不變心的愛人；愛車更是可以載他到天涯海角，是完全聽其使喚的僕人。飆車青少年在現實生活中，面對種種責難、萬般挫折後，車子正是他們展現才華的工具和反抗威權的象徵；因此，自然成為他們的最愛。

要是有人槓上飆車族的愛車，那簡直就是在挑釁他本人，他當然要跟那人拚了。日本曾有一名警察取締飆車少年，不經意踢了他的車一下；結果，少年騎上愛車，瘋狂地將那名警察活活撞死。

我們也發現，飆車族通常在週休假日的前一晚——像是星期五晚上，他們就會整晚聚在一起飆車，直到天亮後才回家，蒙頭大睡一整天。不可思議的是，在當年的研究中，竟發現有一半以上的父母不知道自己的孩子是飆車族；縱使知道，他們也束手無措，無法和孩子有良好的互動，更遑論妥善地加以處理。

其實，父母只要告訴孩子，你非常注重他在其他方面的優點和特長，但對他的飆車特技一點都不感興趣，而且十分擔心他的安全，讓他知道你有多麼關心他。另一方面，警察必須加強取締，使群眾不再聚集；讓孩子瞭解，他的飆車行為已經沒有群眾聚集圍觀、鼓譟助陣，不值得再繼續了。那麼，孩子自然會去發展其他特長，而慢慢改變飆車行為。

管教有方法，態度一致很重要

「爸爸扮黑臉，媽媽扮白臉」的管教方式是不正確的。若一方溺愛、一方

嚴厲，孩子長期在標準不一的情況下成長，是非觀念容易錯亂，人格發展就有問題。

除了提醒天下父母，要多花時間去關心和了解孩子的行為，也要注意到有許多長久因循下來的管教觀念，如「爸爸扮黑臉，媽媽扮白臉」或「不打不成器」等，其實是錯誤或已經不適合應用於現代社會了。

以俄羅斯生理學家巴伐洛夫（Ivan Petrovich Pavlov）所論述的「制約學習」來談，他以狗來進行消化腺反射實驗——起初，狗看到肉會流口水，但聽到鈴聲並無反應；後來讓肉和鈴聲同時出現時，狗也會流口水；再重複讓肉和鈴聲同時出現，一段時間後，光搖鈴鐺不給食物，狗照樣會流口水，因為牠已經受到制約了。

巴伐洛夫的學生克里斯多尼克福（Shenger-Krestovnikova）再將這項實驗進一步推擬：在牆上畫一個圓圈，讓狗學習看到圓圈就叫，然後給牠食物作為獎勵；狗學會看到圓圈就叫之後，便將圓圈改成橢圓形。起初，狗仍以為那是圓圈而猛叫，這時就拿棍子制止牠，讓牠知道叫錯了；後來，狗學會了看到橢圓形就不叫，看到圓圈就叫。再過幾天，狗已能夠辨識圓圈或橢圓，牠看到圓圈就叫，看到橢圓形就不叫了。第四週，在牆上畫一個介於正圓和橢圓之間、直徑八比九的圓；結果，狗就像發瘋似地不斷狂吠又流口水。這就是心理學上所稱的「實驗性精神官能症」(Experimental neurosis)。

一九九八年，台北縣林口發生一起駭人聽聞的命案：林姓兇嫌砍殺雙親一百零九刀致死。有記者問林嫌，殺人後會害怕嗎？他竟回答：「活人都不怕了，還怕死人！」於是輿論一片撻伐，認為他泯滅人性，罪無可赦。

但是進一步探討整起事件的前因後果，發現林嫌父母的教育方式大有問題。林母相當溺愛兒子，凡事放任他為所欲為；林父則是管教嚴厲，時常打他。起初，林嫌為了幫好兄弟付牙醫費用而向媽媽要錢；媽媽不答應，他又不敢向爸爸要，於是動了殺機。案發當天，他先殺害媽媽；因為媽媽之前都會給錢，這次卻不給而惹惱了他。

細究原因，可說是因為林嫌的父母管教標準不一致而造成。媽媽之前很溺愛，但這次卻不答應給錢；媽媽的態度前後不一，終於造成孩子人格發展上的錯亂。就如同上述那隻狗，面對像圓又像橢圓的圓圈時，就出現認知上的錯亂而抓狂。

由此推知，「爸爸扮黑臉，媽媽扮白臉」的管教方式是不正確的。若一方溺愛、一方嚴厲，孩子長期在標準不一的情況下成長，是非觀念容易錯亂，人格發展就有問題。因此，方法可以有彈性，但父母的態度務必一致。

況且，父母態度若不一致，還會養成孩子投機的性格。拿當兵的例子來說，一個連上如果有魔鬼班長和天使班長，要請假時，當然會去找天使班長。又如我的小女兒很聰明，每次要零用錢就來找我，因為我一定會給。她拿了錢就去買零食吃；幾個月後，身材像吹氣球般膨脹了起來。

太太發覺有異，質問我是不是給孩子錢，並要求我和她的管教方式必須一致。後來，女兒再找我要錢，我一定堅持要先獲得媽媽的同意。三個月後，女兒的身材就恢復從前了。

父母的管教態度若不一致，孩子就會瞞著管教嚴厲的一方，而轉向管教寬鬆的那一方需索；久而久之，就養成了投機取巧的性格。

缺愛的斯巴達管教，易致反社會人格

一個人若成長在暴力和被剝奪愛的環境，就會造就這種反社會人格；一旦人格形成，那就「江山易改，本性難移」了。

再如「不打不成器」、「棒頭出孝子」這類嚴酷的斯巴達式、缺乏充分的愛的管教方式，容易造成孩子特別乖戾的人格，稱為「反社會人格」，陳進興就非常接近這種人格。這樣的人不僅道德低能，而且沒有同理心和領會情結。

所謂「領會情結」，約在三至五歲時發展而成，孩子能感受到父母的愛而開心地笑，父母見孩子笑了就更愛他。一般人都知道投桃報李：你對我好，我也對你好。孩子若不能發展出同理心和領會情結，就根本感受不到別人愛他，你對他再好他也沒感覺；而他會對你好，很可能是因為利之所趨。

有個恩將仇報的實際案例——

一九五六年，在新店的軍人監獄裡有個人犯，因為身形孔武又行為乖張，大家都不喜歡他，對他懼而遠之。但有一位獄吏老兵很照顧他，每天都會幫他多準備一顆饅頭；冬天時，還會為他多準備一條毯子。令人意想不到，就在一個夜黑風高的晚上，這名人犯找藉口將老兵叫到獄房裡，用預藏的尖筷子朝他的眼睛戳下去，然後奪走牢房鑰匙逃跑了。

一個人若成長在暴力和被剝奪愛的環境，就會造就這種反社會人格；一旦人格形成，那就「江山易改，本性難移」了。若是與他人的感情互動鮮有交集，不知道也不接受別人對他的愛，更不懂得愛人，他會出現偏差行為甚至犯罪，也就不足為奇了。

暴力不但百害無一利，還可能會產生循環。如果父母的暴力行為被孩子目睹，或小孩親身經歷被虐待的痛苦，他將來對別人同樣暴力相向的機率，為正常孩子的三到五倍之多，這就是「暴力循環論」。

另有一種「暴力容許論」——允許合法暴力——認為父母管教孩子時，可以毆打孩子。然而我們發現，這種合法暴力程度愈高的社會，將出現愈高的非法暴力現象。

父母打孩子到底是管教或虐待，這之間的界線往往很模糊；在動機上，管教是指「善意、寬容而溫慰的期待或要求」，而虐待是指「怨恨、敵對而惡意的報復或處罰」（參考表一：管教與虐待的差別）。所幸目前有「兒童福利法」，藉由法令的規範來保障兒童的基本人權，以確實保護他們能健康成長。

不貼標、不嘮叨，給他空間誠實以對

孩子犯錯並不可怕，可怕的是父母用激烈的態度來反應，反而嚇得孩子不敢說、不願說；待有一天惡貫滿盈，犯罪事實突然像炸彈那樣爆開來，後果才真是難以收拾。

犯罪學上有個「標籤理論」：父母、師長要是常罵孩子：「你怎麼這樣壞，你是壞孩子！」孩子起初會自問：「我真的有這麼壞嗎？」若再繼續被貼上「壞孩子」的標籤後，孩子就會賭氣：「你說我壞，我就壞給你看！」那這孩子就真的好不了了；因為，一個人很可能會成為別人期待（或咀咒）的那種人。

其實，孩子的偏差行為，有時候是家庭問題與整個社會推波助瀾而來的。一個孩子如果從十三、四歲或更早就被少年隊逮到，也就是愈早進入刑事司法體系，那他可能一生都要與刑事司法結下孽緣了。

我們針對學生毆打老師的案例進行研究後，發現這樣的學生多半家庭有問題，但問題老師也大有人在，喜歡嘮叨、囉嗦的老師便是其一。例如，學生想請假去看牙醫，老師就逼問是哪一顆牙齒痛、到哪一家診所、幾點去看病等等；因過度嘮叨而讓學生產生反感與不悅。

另一種問題老師，是造成學生嚴重自卑感的老師。我讀小學時的一次考試，國文考九十五分，數學考五分，老師竟對全班說：「很會考試啊！兩科加起來一百分。」國中時，常被某一位老師嘲笑為「頭大大又流口水」，老師還說我爸爸一定也是同樣德行。這樣的冷嘲熱諷，我至今仍記憶猶新，可見影響之大。

還有一種問題老師，是肯定體罰為唯一有效教育方式的老師。體罰到底有沒有效，仍存在著爭議，但我個人絕對反對。也許，站在第一線的老師會抗議我是在唱高調；他們認為，對於頑劣不堪的學生，不體罰真的很難教。

但我還是要強調「理想不能妥協，教育不能折節」。希望我堅持不體罰的觀念，能在父母或老師將要體罰孩子時產生一個警示作用，能與他們想體罰孩子的衝動產生拉鋸，這就夠了。一個信奉體罰可以解決一切偏差行為的老師，必然不會受到學生的歡迎與喜愛，反倒常引起更多的衝突。老師常說：「愛你，所以體罰你。」結果到了畢業典禮後，學生也說：「我們更愛老師，所以要幫老師『蓋布袋』。」

這三種問題老師常與學生起衝突，而他們的共同特色就是：十分認真。認真乃理所當然，認真的善意應該被肯定；但善意而非專業的輔導與協助，對當事人而言，無疑是另一種難以拒絕的傷害，並且連老師原本的一番美意也會被折損抹煞。除了老師應深自警惕外，為人父母者，也該避免重蹈覆轍，變成問題父母而不自知。不過，在這裡要特別說明：大部分的老師都不是如此，我們反對暴力的立場也不會不一致；我們不贊成老師打學生，當然也反對學生對老師有暴力行為。

孩子總難免會犯錯，正所謂「人非聖賢，孰能無過」。如果孩子犯了錯，父母最好能給彼此留些空間，讓孩子願意把犯錯的經過據實以告；父母再協助解決問題，使之不再犯錯，這才是重點，何必非要用嚴厲的言行和態度來反應呢！

父母看待孩子的行為，要先同理，再以耐心導正。有一回，孩子向我借耳塞，我原以為他是游泳時要用；後來才知道，他是用在上英文課時把耳朵塞住。這孩子小時候跟著我到美國讀書，他的英文發音比較沒問題，因此他認為老師的英文發音很爛。雖然我能理解他的感受，但是我知道不能任其如此發展；於是，我一步步引導他去發現老師的優點。結果他發現「老師的文法很不錯。」發現老師的優點後，就不會再那麼排斥上英文課了。

其實，孩子犯錯並不可怕，可怕的是父母用激烈的態度來反應，反而嚇得孩子不敢說、不願說，待有一天惡貫滿盈，犯罪事實突然像炸彈那樣爆開來，後果才真是難以收拾。

態度要溫和堅定，方式要正向支持

要求孩子做到的事，一定要堅持到底；但要切記，不要讓父母的支持力量變成壓力。

父母常自認瞭解孩子，其實不然，有時候反而是孩子更瞭解父母。孩子知道當他說要去書店看漫畫時，父母不會准；於是撒個謊，「我可不可以去同學家做功課？他要教我數學……」父母就會答應。父母的反應在孩子的意料中；他瞭解父母，父母卻不瞭解他。

管教的動機要把握住「善意、寬容、溫慰的期待和要求」，絕不能變成「怨恨、敵對、惡意的報復或處罰」。我要再度強調：人會變成自己所期待的那種人；想要走向墮落、失敗之途很容易，想要邁上成功之路，卻不是一蹴可幾。所以，父母千萬不能放棄孩子——要讓孩子感受到父母永遠支持他，讓他相信在成長的路上，父母會在身旁一路相伴，並給予堅定的支持；縱使不成功，也能感受到父母的包容，不必恐懼會遭受太多責罰，這樣才能造就出堅忍不拔、有毅力、能自我負責的孩子。

對孩子的要求應「以正向、支持的方式，示範或告知所當為者」，而非「以憤怒、負向方式，施予子女不適當的懲罰」。父母的表情和態度都要把握住「溫和、堅定」的原則——表情要溫和，態度要堅定——要求孩子做到的事，一定要堅持到底。但切記，不要讓父母的支持力量變成壓力。

孩子對父母，其實某種程度上包含著「既愛又恨」（ambivalence）。父母提供孩子成長環境，滿足其所需，孩子當然又愛又感激；但他們也討厭父母的多所要求和管教。就像人民對警察也總是既愛又恨一樣——警察保護人民身家安全、維護社會秩序；但只要做錯一件事，或者進行違規取締，便要被罵翻天。用「既愛又恨」來形容可能太嚴重；不過，這種矛盾的感情是確定存在許多人際關係中的。總之，父母不能因為孩子不高興就放棄管教，而必須坦然接受孩子這種「既愛又恨」的情愫。

尤其到了青春期，孩子會渴望獨立，希望做自己的主人；而為了做自己，往往就用反抗權威的方式來表現。譬如，父母若批評他的朋友，要他停止再和某人交往；他就會反抗，不惜與父母翻臉。

大部分的父母都無法理解：孩子為什麼會為了一個才認識三個月的朋友，和養他十幾年的父母翻臉？其實，不是父母不如朋友，而是因為交朋友是他可以自己行使的權利；朋友是他的選擇，批評他的朋友就等於否定他，他必須適時捍衛。此時，父母應該採取的方式就是「以正向、支持的方式，示範或告訴子女應所當為者」。

父母管教孩子，可能會因為恨鐵不成鋼而「愛之深，責之切」；但得小心，不要被孩子曲解成吹毛求疵而產生恨意；必須明確掌握住「管教」和「虐待」間的差異，以避免親子關係變得劍拔弩張。無論如何，父母永遠都是比孩子成熟的人，所謂「大人不計小人過」，不必過度與孩子斤斤計較，要正向、寬容地對待孩子。

而為人子女的首要之務就是瞭解自己；唯有瞭解自己以後，才可能與別人發展良好的互動，尤其必須瞭解父母和師長。例如，自己功課不佳，可以請教父母的求學經驗；也許當年父母的功課也不怎麼樣，但可能事業做得很成功，不妨請父母分享其中的寶貴經驗。再者，必須學會堅持把事情做好，為自己的行為負責；如果光有父母的關懷、師長的叮嚀和朋友的支持，自己卻不願努力，一切仍是徒勞。

還要懂得自我反省，並且不放棄自己。作家李敖說過：「人在黑暗中，連影子都拋棄了你。」就是說明反省與不自我放棄的重要。最後，要能懂得溝通和體諒，才能理解別人對你的善意，不致因一時誤解而留下永遠的悔恨。

在這個強調個人主義的社會，人們往往自認理直氣壯，為爭取自身權益而力爭到底；但別忘了，在爭取的過程中，要保持溫柔敦厚的態度，相互尊重；否則，社會上的犯罪問題絕對層出不窮。

預防偏差行為，父母師長要互相配合

孩子的脫軌行為是日積月累，逐漸轉變而成，而且常有蛛絲馬跡可尋。父母如能及時注意子女的日常言行是否有異，自可防範於未然。

在家裡，不妨讓孩子參與制定家規，特別是與他們切身相關的管教原則和方式；這當中也表現出了民主的精神與內涵。一個企業要能管理運作成功，就要實施「參與式管理」，讓員工參與公司內規的制定。同樣，當父母要與孩子約法三章，就得讓他們參與制定規則，他們才能確實遵守；這同時是在幫助孩子建立責任感。

孩子的脫軌行為是日積月累，逐漸轉變而成，而且常有蛛絲馬跡可循；父母如能及時注意子女的日常言行是否有異，自可防範於未然。要預防孩子的偏差行為，可從幾項前兆觀察著手（參見表二：十項當前青少年不良行為的前兆）——

一、言語表述：若孩子愛說謊話、黑話、髒話，或者言行帶著江湖氣，父母就有責任去了解這些話的意義。尤其孩子間有屬於他們的次文化，也有很多他們愛用的流行語，例如：「粉機車」表示很龜毛、很不上道；「LKK」表示福佬話的「老扣扣」；「5201314」表示「我愛你一生一世」之類的。父母若不懂這些新世代流行語，就無法瞭解孩子的言行意義。

二、穿著和身體外貌：是否有髮型怪異、身上刺青或多處外傷的情形？以目前的流行文化而言，刺青也許只是年輕人追求時尚的表現方式之一，不值得大驚小怪。但父母有必要瞭解孩子在何處刺青，以及刺青內容所代表的意義；倒不是去逼問孩子說出刺青的意義——孩子很可能只是一時興起，未必能說出個所以然——而是要請教專家，並與老師充分配合，避免產生偏差行為。

三、突然早出晚歸或情緒極端不穩定等情形，父母都必須多加留意。

現代青少年常流連網路世界，網路交友及網路色情氾濫是父母極為擔心的事。網路交友與色情電話之所以吸引人，是因為你看不到對方，容易因對方的言辭使自己的想像無限膨脹，甚至想入非非。

此時，家長與老師就必須密切配合——讓老師瞭解孩子與家人的互動情形，對老師在管教孩子時能有極大幫助；父母也可透過老師了解孩子對父母的觀感，幫助父母瞭解孩子到底在想什麼。當然，這需要高明的技巧，老師一定要夠專業並尊重孩子，千萬別讓孩子誤會為父母與老師聯手對付他，或者讓孩子誤以為自己被出賣了。

有位將軍，每每提起和孩子的互動情形，就要老淚縱橫地感嘆：「我能帶兩萬大軍，卻管不了自己唯一的兒子！」早年由於必須四處輪調，這位上將並不常與孩子相處；待好不容易安定下來，卻一見到孩子就忍不住怒言相向；也許是過慣了軍中一板一眼的生活，每次看到孩子衣服沒扣好、皮鞋沒擦亮就要發火。他常對孩子說：「兒子，你給我一分鐘。」但兒子心裡想的是：「最好您連一秒鐘都不要給我。」兒子的媽媽從不插手孩子的管教，因為她覺得爸爸已經管得太嚴了，她再管孩子就要受不了了。其實這位上將自知脾氣不好，但他是極愛兒子的，總想把滿腔的愛一股腦兒全給孩子；但對孩子而言，這樣的愛幾乎讓人窒息。

這個例子暴露出幾個管教問題，第一，管教態度不一致。兒子說：「爸爸對我像仇人一樣，我恨他！媽媽對我像陌生人一樣，我恨她！」兒子把爸爸對他那分恨鐵不成鋼的愛意，誤會成吹毛求疵的挑剔。其次，爸爸沒有把握住管教要溫和而堅定的原則，所以嚴格變成了不當的嚴厲。還有，媽媽想給孩子更大的成長空間，但孩子感受不到，美意成了惡意，是因為溝通技巧不好。

溝通技巧中很重要的一項是多多讚美！我們往往對於愈親近的人，反而愈忽略了要給予讚美。不但老夫老妻愈要讚美，對孩子也一樣，不能一味要求孩子服從，而應該經常讚美孩子能夠服從。切記，讚美是人際關係間的最佳潤滑劑。

管教子女是父母最甜蜜的負擔，唯有親密和諧的親子關係、健全的家庭功能，才能避免孩子出現偏差行為，這正是預防孩子步入歧途的護身符啊！

表一：管教與虐待的差別

項　目	管　教	虐　待
動機	善意、寬容而溫慰的期待或要求	怨恨、敵對而惡意的報復或處罰
方式	以正向、支持的方式示範或告訴子女應所當為者	以憤怒、負向方式所施予子女的不適當懲罰
態度	鼓勵、讚許、支持而恆定一致	衝動、嚴苛；責罰而反覆無常
雙方認知	父母與子女均知道行為的結果	父母對子女不給予他們瞭解父母動機的機會
互動關係	非威脅性的，而是允許雙向表達真誠情感的溝通	威嚇性的、強制而單方向的威權是壓迫
規範的制度	子女可以與父母共同參與制定家規，特別是那些與其切身有關的管教	子女沒有共同參與制定家規的機會
對違規行為的定義	任何違規行為有著持續、清晰的定義，和可預見的結果	對於違規行為無持續、清晰的定義，子女無法預見結果
父母對子女遵從家規的反應	子女如果朝著父母所設定的目標或期待的方向努力時，會得到獎賞	父母認為是理所當然的，子女不會因之而得到鼓勵
父母對子女不遵從家規的反應	允許子女去練習父母所期待的行為，錯誤仍有更正的機會	錯誤受到嚴苛的處罰，子女因之只感受到苛責，而使其認為自己是一個壞人
造成結果	子女可從中得到成長、學習	紀律內化無效，加深雙方的誤解、不信任和仇恨

表二：十項當前青少年不良行為的前兆

項　目	說　　　　明
語言	愛說謊話、黑話、髒話，以及喜歡說話時帶有江湖氣。
穿著	太過於時髦、暴露，喜歡擅改衣服。
外觀	髮型怪異，常有外傷。
行為	較為標新立異，行為詭異不敢讓家人知道，經常長時間反鎖自己房門而且神色緊張。
態度	易於激怒，情緒極端變化，常與家人賭氣或自暴自棄。
作息	早出晚歸，常無端數日不歸。白天蒙頭大睡，夜間外出，去向不交代清楚。
物品	有不良刊物、武器、藥物、空膠罐、香煙、酒類，甚至不明鉅款或當票。
課業	一下子成績一落千丈，常遲到早退、逃學，讀書時間驟減。
交友	有社會人士的朋友，電話書信量突增，有朋友但不敢介紹給家人。
習慣	有吸煙、喝酒習慣，生活不正常，用錢需求量突增。

＊若僅有上述一、兩項行為特徵的青少年，並不見得就不正常；但如果所列舉的特徵與孩子的行為相似處愈多，父母就應特別加以注意，及早防範。

SMART的親子教養祕笈

瞭解孩子的注意力問題

- 小朋友老是忘記帶聯絡簿。
- 把美勞用具放在書包旁，孩子還是會忘記帶。
- 孩子常在睡覺前才突然想起明天該帶什麼，偏偏家裡又沒有那樣東西。
- 孩子的作文不通順。
- 孩子就是不願意關掉電視，只要一關電視就大吵大鬧。
- 有些孩子顯得非常忙，卻又說不出到底要什麼。
- 孩子又忘了帶外套回家。

◎陳質采（行政院衛生署桃園療養院兒童青少年精神科主任）

處於忙碌的生活中，我們總是習慣同時處理很多訊息，於是，注意力不斷被各種刺激干擾，鮮少有機會靜下來思考和規畫事情。久而久之，讓心情沉澱下來，似乎變成一件難事，一種奢侈。其實，若心裡掛念著別的事物，哪裡能夠專心於眼前的工作呢？

造成注意力不佳的因素

有些家長反應，孩子上課、做功課總是注意力不集中，但看電視時卻很專心。

在日本，有所謂的「手機症」；這些人一旦沒有手機，就會感到惶惶不安；沒有來電鈴響時，則會若有所失；他們隨時攜帶手機，且不時掏出檢視，深恐漏接任何一通電話；甚至上廁所、洗澡、睡覺，幾乎全天候等待著手機鈴響……

這樣的心思忙碌程度，也可能出現在孩子身上，甚至不亞於大人。

課業壓力與各類補習，往往使他們每天幾乎忙到晚上十一點才能就寢。試想，即便是大人，兩個小時的演講，都難以全程持續專注，更何況每天朝六晚十一的孩子，如此長的上課時數，又如何能維持較佳的注意力呢？

此外，疲倦不僅會影響孩子的注意力，也會影響孩子是否有餘裕歸納統整所學。生活中，若孩子的學習訊息一直被切割得片片斷斷、零零落落，孩子很難有餘力整理一天所學。因此，學習的品質與適當規畫整合息息相關。例如，上超市購買雞肉、葡萄、蘋果、魚肉、牛肉；若能加以整理歸納，將之分為肉類三種——雞肉、牛肉、魚肉，以及水果兩種——葡萄和蘋果，這樣不是比較好記嗎？換句話說，把孩子平日的行程排滿滿，不但沒有效率，更迫使他們的注意力無法集中。

其實，這類問題頗為嚴重，因為它所衍生出來的疲憊與挫折，著實影響到孩子的學習動機。所以，談到注意力與學習的關聯性，必須多方考量，無法只審視單一因素；如家庭變故、父母意外或遭逢災難等因素，都與疲倦一樣，都可能讓孩子的注意力突然變差。

而孩子的年齡、成熟度以及生理狀況，也與注意力有密切關聯。例如，活潑好動的孩子感冒了，吃過感冒藥後可能會變得安靜，但這並不表示他的注意力變得更好。所以，無法完全以孩子的活動狀況來推估他的注意力品質。

同樣地，學習的難度也可能引發注意力的問題。同樣的課程，若老師用國語講授，較能提起注意力；用英語講授，學生則昏昏欲睡。這是在於課程聽得懂，才能引發興趣，注意力自然會好一些。此外，孩子的能力也影響其學習成效。有些孩子的能力佳，雖然注意力不好，無法表現出該有的程度，但在班上還是可以保持領先；可是能力落後的孩子，若注意力不佳，學習自然跟不上，而顯得問題重重。

有些家長反應，孩子上課、做功課總是注意力不集中，但看電視時卻很專心。這有兩種可能性：首先，孩子的視覺注意力彌補了聽覺注意力的不足。不知現代的孩子是否電視看多了的關係，許多孩子視覺注意力優於聽覺注意力。例如看卡通時，孩子可以在完全沒有聲音，或是完全聽不懂的狀態下看懂劇情；也就是說，他可以完全關掉聽覺系統。相關調查指出，過早把兩歲前的幼童暴露在電視機前，可能不利於他的聽覺注意力；值得深思。畢竟，以學習來說，上課聽講仍是主要的知識來源管道。

再者，你真能確定孩子很專心嗎？他真的專心在瞭解劇情，或者只是看看而已呢？其實，看電視比閱讀更不容易自主地控制注意力。閱讀時，你可以決定要在書的哪一頁逗留多久，主動控制這項活動的注意力；但看電視的注意力是完全被動的，漏看就漏看了，甚至漏看了也不自覺。有一次我陪孩子看「霍爾的移動城堡」，發覺漏看的比例真不少；當孩子興奮地說：「媽媽！你看那火點在動！」我則老是回答：「有嗎？」我比較有興趣於人物的表情及對白，至於其他方面根本不確定漏了多少。

換句話說，電視畫面不斷在動，以吸引觀眾的注意力，所以不太容易覺察到自己漏掉什麼；這不像打球，因為沒打到球，就知道漏接了。更何況，相對於電視跳動的畫面，黑板或課本上的字是靜止不動的。所以，孩子一旦習慣了看電視，要進入不熟悉的看書、聽講等學習模式時，很難吸引孩子專注。

我個人對於「電視可以幫助孩子學習」這樣的觀點是持比較保留的態度。當電視和電腦等媒體大量湧入生活後，我們發現孩子的人際互動變差了。舉例來說，演講時，學員回應的表情會告訴我該停下來、繼續講，或把速度放慢，這就是互動。可是，現在的孩子因為同伴少，很少有機會和別人進行實質的互動，難以瞭解該如何從互動中去反應和回饋。

還有部分孩子總是動個不停，手眼協調差，耐力又不足。一般人可能有一種錯誤的迷思，以為注意力不佳的孩子一定運動能力過人；其實不然，運動選手需也要極佳的注意力；例如，桌球選手必須注意到球的落點後才能起拍。球要打得好，仰賴的不只是極佳的手眼協調控制，也包括優良的注意力。

除了上述種種原因，孩子個別的注意力也會因時間、場合而有波動。有些孩子剛開學的時候注意力比較好，因為這時和老師還不熟，警敏度會提高；有些孩子恰好相反，剛開始無法適從，但當老師訂好規則與範圍後，孩子就能慢慢進入狀況了。有些孩子在家裡比在學校表現得好，那是因為在家裡多半是一對一互動；而學校的聲光刺激遠比在家裡來得高，孩子較不易專心。

認識「注意力缺陷過動症候群」

根據統計，約每百名小朋友會出現三至七名的過動兒，男孩大約是女孩的二至五倍。

「注意力缺陷過動症候群」（Attention deficit hyperactivity disorder, ADHD）是兒童青少年精神科很普遍的一種症狀，俗稱「過動兒」。通常分三種類型：以注意力缺陷為主型、以過動與衝動為主型和混合型。主要症狀如下：

一、過動行為：無法安靜下來，尤其在需要高度自制力、必須保持安靜的情境中特別顯著。

二、注意力無法持久、易分心：無法專注在一個活動上，總是做做這個又做做那個，做事容易半途而廢。

三、衝動和易激動：缺乏耐心，無法等待；而且從不考慮後果，不計危險，橫衝直撞，無法從過去的經驗中得到教訓。在團體中，經常不守秩序、不排隊、無法輪流進行活動，挫折忍受度低，脾氣激烈，情緒起伏很大。

四、其他相關症狀：除了上述基本特徵外，可能還有下列症狀——

(一)特殊學習障礙。

(二)人際關係差、自我評價低。

(三)腦波異常。

(四)軟性神經症狀：如手眼協調差、動作笨拙易摔倒、打破東西、字跡潦草且無法規規矩矩寫在格子裡。

很多家長帶孩子就醫，要求立刻評估孩子是不是過動兒？是輕度還是重度？其實，如前所述，影響注意力的因素很多，必須收集許多資料才能評估，無法就當下表現立刻判定。例如，評估時，若正好是孩子的午睡時間，他的警敏度下降，注意力自然不佳；或是孩子很怕看醫師，警敏度會增加，注意力表現反而比平時更好。

關於注意力缺陷的診斷，主要分為「不專心」和「過動—衝動」二大項。在排除其他精神疾病的前提下，孩童若在七歲前出現下列一或二大項的行為；同時，其行為比同齡孩童出現得更頻繁，持續至少六個月，且在二種以上不同場合（如學校、家庭）皆有類似行為出現，就符合注意力缺陷的診斷。

一、不專心（inattention），下列行為至少出現六項：

◆粗心、易忽略細節。

◆活動時，注意力難以持續。

◆談話時，常顯得不專心。

◆無法遵循他人指示完成事情。

◆組織能力差。

◆抗拒需要持續用腦的工作。

◆常掉東西。

◆易因外界無關的刺激而分心。

◆常忘記例行的活動。

二、過動—衝動（Hyperactivity-impulsivity），下列行為至少出現六項：

過動：

- 常手忙腳亂或扭動不安。
- 無法安靜坐下來。
- 不分場合總是過度地跑或爬。
- 很難安靜地玩。
- 總是動個不停。
- 經常話太多。

衝動：

- 常在別人的問題未說完時就搶答。
- 輪流時難以等待。
- 常干擾或冒犯他人。

臨床上最常見的是「混合型」。通常，孩子在小學高年級時問題更為明顯，因為這階段的試題變得更長，學童必須持續專注，以進入更多的事物分析。現在的題目活潑且冗長，一則數學運算，甚至會以小說《哈利波特》人物入題；注意力缺陷的孩子，必須先學會忽略哈利波特這些不必要的資訊，耐性地讀完題目才有辦法解題，這對他們來說相當困難。

根據統計，每百名小朋友約會出現三至七名的過動兒，男孩大約是女孩的二至五倍。大部分的過動兒常併發行為、學習及情緒上的障礙；不過，在性別的比較上發現，過動症女孩多數有低智商、活動量差及品行問題，有較多的緊張與憂鬱症狀。

近年來，我們發現部分注意力有問題的孩子是其他因素使然，譬如癲癇或羅患「亞斯伯格症候群」（廣泛性發展障礙症）。通常，「亞斯伯格症候群」患者能按照自己的目的和意志來集中注意力，其困難在於協同注意力表現差。所謂「相互注意協調能力」（Joint Attention），是指在互動上彼此能跟進的程度；例如，我講到哪，你要能跟上我；你講到哪，我也能跟上你。這類孩子有時可以看上一整天書，但無法說給你聽；他們的思考有點類似電腦，能很快反應出一加一等於二、二加五等於七之類的，但不太能瞭解別人的語意。

注意力缺陷過動症的病因很多，包括遺傳、腦傷、腦部神經傳導物質異常、心理社會因素、鉛中毒等；治療方法都是多管道進行，藥物治療只是其中之一。藥物之外的治療重點，在於協助孩子接受行為治療、心理治療及特殊訓練，如手眼協調訓練、感覺統合訓練、注意力訓練等各類方式，改善注意力不佳所引發的問題。尤其重要的是，認清究竟要解決什麼問題，才能有效追蹤治療。

父母在處理問題與管教上的迷思

對於注意力不佳的孩子而言，父母必須瞭解「一百分」是相當高的要求，千萬不要斤斤計較：為何只考九十七分？

近幾年來在門診，我們花相當多心力協助孩子瞭解他們的注意力問題。例如，當我告訴孩子：「我待會兒跟爸爸講完話，才有空聽你說話。」對一個不斷插話的孩子來說，他能明白我說什麼而控制自己想插話的衝動嗎？這是有困難的。所以，此時要協助孩子的是，能否有線索可以協助、提醒孩子記得「待會兒」。

通常，當我們說完「待會兒」，再繼續和他人談話時，孩子沒多久就會開始插話。第一次我們可能忽略他的行為不予反應，於是第二次他更大聲，然後第三次、第四次；接著，我們就會再提醒他，他安靜了幾秒，然後又開始吵……。這種處理方式的控制能力，其實是落在爸媽身上，爸媽必須不斷地提醒。若場景轉換到課堂上，孩子將會面臨更大的困難，因為老師不可能一再提醒；只要一提醒，所有孩子的注意力全部轉到這個孩子身上，課程也會被打斷而無法繼續。

在此狀況下，如何明確地提供孩子一個準則或線索，讓他能注意並控制衝動，或學習到即使衝動插話也無效的經驗。週而復始，孩子就能學習到掌控自己的行為以配合規範，而不是由旁人一直提醒：「我不是告訴你待會兒嗎？你沒看到我在說話嗎？」所以，若能提供等待的時間，如五分鐘或長針將指到的數字，且只在這時間之後回應，孩子就能更具體感受到「待會兒」這個概念了。

社會型態改變，孩子鮮少有機會和同伴一起玩；即使一起玩，總是各唱各的調，吵成一團。其實，幫助孩子學會觀察「何時講話有效」很重要；正如我們去找長官談話，一定會在長官有空時。遺憾的是，我們不但從未給孩子這樣的學習機會，還常花很多力氣不斷口頭告誡、甚至怒吼，這些都在混淆孩子的注意力。

像這類無效的管教，可說是俯拾皆是。例如，有些孩子趴在桌上寫功課，媽媽認為姿勢不對就不斷糾正他，這等於是打斷孩子寫功課。如果半小時之內，提醒孩子端正姿勢三十次，只會讓他每分鐘都分心；而且，當孩子離開媽媽的視線後，還是會還原錯誤的姿勢。與其如此，又何必不斷提醒，然後不斷生氣，讓孩子覺得很不耐煩呢？

有些父母很計較孩子的考試分數，以為考高分才表示優秀；其實，訓練孩子瞭解自己的能力，同時能明白分數所代表的意義，這才是重點。若孩子自認可以考到九十分，結果只考七十分，父母得協助孩子知道為什麼會有這樣的落差，並幫助他學習。換句話說，分數其中的一個意義，是顯露孩子的學習問題；可能孩子是尚未完全理解或概念不對，或者只是死背而不理解，時間久了自然就會記不得。

對於注意力不佳的孩子而言，父母必須瞭解「一百分」是相當高的要求，千萬不要斤斤計較：為何只考九十七分？如此過度在意分數，只會增加孩子的挫敗感，甚至很可能逼得孩子將考卷藏起來或塗改分數，而衍生出更大的問題——說謊；這只會讓父母更生氣，而且無法激發孩子的學習動力。當然，也不是說完全不必計較分數，而是希望父母多多鼓勵孩子的學習動機，沒有必要在孩子考一百分時就給錢、給獎勵，低於一百分就處罰。

動機，是影響學習注意力的原因之一。如果父母一直讓孩子覺得自己很差，孩子就容易放棄學習；因此，必須改善鼓勵的方式，讓孩子感覺有成功的機會，才能引發孩子更積極地學習，而更進一步主動進入學習狀態。目前，台灣的大學錄取率接近百分之百，人人皆有機會進入大學就讀；在這種情況下，父母更應該長遠地設想，讓孩子願意學、持續學才是重點。

況且，每個孩子的資質條件不同，有些人學習速度較慢，常有跟不上的現象；與其花時間罵孩子什麼都不會，不如將時間用在瞭解為什麼孩子學不會，然後幫他找出學習策略。孩子的學習問題可能在於抓不到題目的提示，尤其是注意力不佳的孩子不會解數學題，也許是因為他根本不清楚算式是直式還是橫式；有的孩子甚至會受到醒目插圖的影響，而無法注意題目的意思；或因為找不出插圖與題目的關連性而不知所措。此時，不妨把解題的背景單純化。

一般人都能選擇該注意的事物，並忽略外界無關的刺激，而專注在重要的事物上。例如，聽老師上課，腦部就會發揮功能，自動過濾周遭的咳嗽聲、風扇或冷氣聲、外面的走動聲、飛機飛過的聲音等；但有注意力缺陷的孩子，往往無法自動過濾這些干擾，所以上課老是不專心。面對這樣的孩子，就要讓他知道事項的優先順序——上課時，老師的講話聲優先於其他聲音。

其次是分析。當孩子閱讀完題目，他必須能夠保留部分短暫的記憶，以提供進一步分析。例如，聽完「是誰偷了蛇的蛋」這則故事後，孩子的腦中必須能夠掌握住「偷」、「蛇」、「蛋」這三個關鍵字，還要能分辨出主詞和受詞，才能清楚掌握住故事的完整意涵。分析之後，孩子還要能分辨出重點；例如，跟孩子講述成語故事「愚公移山」，孩子雖能把故事轉述一遍，但可能仍無法瞭解這句成語的含意，需要父母或老師提示重點。

生活作息狀況不佳，是注意力缺陷的孩子常見的另一問題；通常，這類孩子會睡得不安穩，醒著時又不夠清醒。常會發現他們無法安安靜靜寫功課，沒多久就想睡，於是必須不斷活動以維持清醒度；若孩子忙到十一點多才入睡，第二天不僅起不來，上學時更是昏昏沉沉，甚至上課時補眠，形成惡性循環。建議父母最好讓孩子十點前上床，把燈光調暗或關燈來幫助孩子入眠；白天則應該拉開所有窗簾，讓光線充足，孩子才能維持清醒，投入更多注意力。

在此特別強調的是，讓每天都是新的開始吧！父母千萬不要跟孩子算舊帳，否則會沒完沒了。積分換獎品的方式，不全然是獎勵孩子的最好方法；一來，孩子通常沒有很大的耐性；二來，得到獎品後可能又故態復萌。父母不妨採取讓孩子當天完成目標行為、當天就能進行喜歡的活動作為獎勵。不過，遊戲規則得訂清楚，半小時就是半小時，父母切勿心情好就讓孩子多玩一些，心情不好就少玩一點，這樣孩子才能接受規範。

幫助孩子找出解決策略

與其不斷追問孩子為什麼，迫使他們不斷找理由，學會各種藉口，又惹人生氣；倒不如把心思放在設想如何解決問題，並提供策略。

父母還常花很多力氣，要孩子說出「為何做不到」的理由；其實，很可能孩子根本不知道原因是什麼；但又非得給一個說法不可，孩子只好瞎掰藉口。曾有孩子說，他根本不知道怎麼回答媽媽的問題；因為，回答了，媽媽說他在找藉口；若不回答，媽媽又很生氣，說他完全不理不睬。總之，這是一個非常無效的管教方式。父母應該幫助孩子去察覺，在何種狀況下他會比較專心，例如累了就洗把臉、在某個地方念書、用螢光筆標記重點等；找到方法後，讓孩子自己去應用這些提昇注意力的策略。

我曾問過一位小朋友為何老是忘記帶聯絡簿；發現他抄完聯絡簿後，總是將本子和其他課本一起塞進教室後方的書櫃裡，就忘記帶回家了。我提供這孩子一個策略：聯絡簿只可以放在兩個地方——交給老師或放進書包，絕對不可放在任何櫃子裡；此後，忘記帶聯絡簿的情形就減少很多。對於這類孩子，若只問「為什麼」，孩子很容易本能地回答：「忘了。」這是事實，但父母可能很不滿意這樣的回答而生氣。與其如此，倒不如提供「記住」的策略，方能有效地引導孩子解決問題。

此外，有位媽媽抱怨即使把美勞用具放在書包旁，孩子還是會忘記帶。其實，這並不是媽媽的問題，應該與孩子一起討論解決的方法；例如，將美勞用具和書包綁在一起，或是直接裝進書包裡。若是需要攜帶游泳用具，則幫助孩子從上往下，確定要帶泳帽、泳鏡、泳衣、拖鞋和毛巾等五樣物品，然後一一檢查齊全；這樣一來，孩子的整體表現就會好很多。

另一種方式是，教導孩子借助線索或可使用的資源來提醒自己。例如，下雨天進入室內，可將雨傘放在自己一定會經過的傘桶裡，離開時就比較能記住拿傘；或者請友人協助相互提醒。這些都可以應用在班級上，如有些孩子老是忘了蒸便當，只要請同學相互提醒：「蒸便當嘍！」就可以改善了；當然，也可以貼一張便條紙在桌上，註明「記得蒸便當」。運用這些策略的重點在於：讓孩子學會自我指示，而不是樣樣仰賴大人提醒。

又如孩子考不好時，若只是質問：「你為什麼考這麼差？」得到的答案往往是：「不知道。」如果父母察覺孩子的問題是粗心而起，可以教導孩子一些實質的檢查策略；練習數次後，他就知道該怎麼做了。否則，孩子只會理直氣壯地回答：「我就是粗心啊！」仍然解決不了粗心的問題。因此，與其不斷追問孩子為什麼，迫使他們不斷找理由，學會各種藉口，又惹人生氣；倒不如把心思放在設想如何解決問題，並提供策略。

再舉個處理衝動的策略。曾有一位護理人員問我，有什麼好方法可以解決她因無法控制買衣服的衝動，而把信用卡刷爆的問題。我建議她試試這個方法：第一，找同事一起逛街買衣服，若沒人陪就不去逛；第二，如果同事表示這衣服不值得買，就不要買。唯有具備這兩項條件才能去刷卡。兩個月後，她說刷卡的情形大幅改善，因為總是找不到人陪她上街買衣服。

無論如何，這位護理人員找到了踩煞車的方法，透過規範使她的問題獲得改善。同樣地，我們也可以運用類似的策略來幫助孩子解決問題。下列是一些常見的處理策略與原則。

一、針對「不專心」的處理策略

- ◆隔離的工作角落：考慮在獨立作業時戴上耳塞、耳機。
- ◆喚醒孩童自我覺察的注意力。
- ◆幫助孩子過濾該注意的焦點。
- ◆簡潔、明確的指示。
- ◆幫孩子區隔問題。
- ◆把作業分成許多小段，研擬作業計畫表。

◆學習的方式須具體且步驟化。
◆給予孩子充裕的時間。
◆獎勵每項小進步。

二、針對「過動─衝動」的處理策略

◆安排契合兒童能力的活動。
◆避開會引發兒童不當行為的狀況。
◆使用清楚、明確、易瞭解的紀律規則。
◆幫孩子建立有規律的生活作息。
◆提醒孩子：停↓想↓做。
◆和孩子一起討論訂定行為的準則及獎賞標準。
◆孩子唐突的行為若不影響其他孩子的學習，可以忽略；若行為已干擾活動的進行，則必須中斷其活動。

讓孩子學習規畫與組織

注意力有缺陷的孩子除了注意力不足之外，組織能力、時間感都不佳，應該協助孩子先做規劃。

一直以來，教養方式上最普遍的問題是：頭痛醫頭、腳痛醫腳，缺少整體性地探討問題的全貌。

注意力有缺陷的孩子除了注意力不足之外，組織能力也不佳。有一次，一群孩子畫畢業海報，其中一名孩子興沖沖地跟我聊天時，突然說他忘了些什麼；但我還沒來得及反應，孩子一轉身就不見了；另一名孩子也是跑來跑去，停不下來。他們是屬於較衝動且注意力不佳的孩子。於是，我教他們先做規畫：先構思草圖，再討論要畫哪些東西、用哪些顏色、寫哪些字等等，決定之後把所需用具一一寫下來，然後再出去一次買齊。

有時候，孩子會在睡覺前才突然想起明天該帶什麼；如果學校附近的文具店一早就開門，那就沒問題，但這終究不是根本解決之道。如果父母下班回家後，能和孩子一起思考明天該帶的美勞用具或其他用品，然後趁晚餐後一起出去採買，就有機會讓孩子學習一起規畫生活。

此外，由於孩子的覺察能力不夠，最好一次只處理一個議題。有些孩子連一邊聽課一邊抄筆記，都無法同時進行；此時應該先停下來，讓孩子先記好重點再繼續講課，過程中應避免批判而引發無謂的情緒。例如，當孩子的作文寫道：「城老鼠到鄉老鼠家，你們東西都這麼難吃嗎？城老鼠請鄉老鼠到他家……」你一定覺得讀起來很不通順，不知道這故事在講什麼。

現在，我們來協助這孩子把文章敘述得更完整。不妨把焦點集中在引導孩子依事件順序來思考。例如，城老鼠到鄉老鼠家，首先出現什麼動作？孩子回答：「鄉老鼠把門打開。」知道東西難吃，那就表示已經吃過，所以有抓東西吃的動作……等等。

如此，一點一滴依序拼湊出的完整情節就是：「城市老鼠到鄉下老鼠家，鄉下老鼠把門打開，請城市老鼠進去吃東西。吃過後，城市老鼠問鄉下老鼠：『你的東西都這麼難吃嗎？』於是，城市老鼠請鄉下老鼠到他家去……」

注意力差的孩子，其時間感通常也不佳；但仍可利用策略建立孩子的時間感，讓他在生活中某個時間做固定的事，以養成規律性的習慣。例如，我家老二沒有注意力的問題，但比較不規律；所以，我選定晚上十點倒完垃圾後，孩子就該刷牙上床睡覺。我送他一支手錶，將倒垃圾的時間設定為提醒鬧鈴；每當倒垃圾時間一到，他的錶就會嗶嗶嗶響，我們就一起去倒垃圾。回程中，我們喜歡一邊喝著檸檬紅茶，一路聊著學校的趣事；這是一天中最快樂的時光，也讓孩子形成習慣。有一回我們到國外玩，十點一到，他的錶又嗶嗶響，他還以為倒垃圾時間到了呢！

又如有些孩子顯得非常忙，卻又說不出到底要什麼？這時，可要求他在拿東西以前先坐好，再清楚說明要什麼。例如吃布丁，要坐下來說：

「我要吃布丁。」即使已經先拿了布丁，也必須要求他坐好再說一遍。這樣的目的是在訓練孩子先說再做；因為這些孩子太衝動，必須先教會踩煞車的能力。

曾有家長抱怨，孩子就是不願意關掉電視，只要一關電視就大吵大鬧；這種情況，是否該讓孩子進行治療？我的建議是，那就關掉電視，讓他哭完再說。別以為治療人員都是神仙，可以讓孩子乖乖聽話，其實不然；只是，專業人員會耐心在一旁「等待」，瞭解孩子的情緒走向。

有時候，我們對孩子的要求實在太多了；像是既希望孩子能主動關掉電視，又能成熟到不哭泣；這對孩子來說，實在很難，父母何必強人所難呢？既然孩子想哭，就讓他哭好了。有時候，孩子難免會用哭鬧來測試父母的底限；此時絕不能軟化。當然，在這種時候，也應該避免在一旁碎碎念，那只會愈發激怒孩子；更不要再責怪孩子態度不好、不守信用等等。

處理問題時，所有參與人員都要清楚明白：究竟要先解決哪一個問題；不然會發現，治療人員、父母及老師都很努力，但大家想解決的問題卻不一樣。

提昇孩子注意力的教養技巧

與孩子溝通時，應儘量避免激起孩子的防衛。這也是在日常生活中常見的溝通困境。

孩子有注意力不佳的問題時，父母的處理態度和技巧，著實有相當大的影響。下列七項是教養注意力缺陷、過動孩子，常見的處理原則：

一、目標明確，一次只處理一個問題行為

對於注意力不佳的孩子，是很難要求他同時注意很多事情；因此，所訂的規則應該簡潔、清楚、明確、易理解。例如，功課在八點前做完，可以看電視半小時；考試達九十分，可以看電視半小時等。還要同時確定孩子已經瞭解違規的後果；例如，沒做完功課就不能看電視，以訓練孩子的

規律性和時間感。

這些規則必須合理，才能持之以恆地執行，並且養成良好習慣；必要時，可把規則張貼在明顯的地方加以提醒。

二、一次只給一個指令

指令應簡短、清楚、明確、步驟化，避免進入非必要的細節，並確定孩子已經瞭解。例如，要訓練孩子在一定時間內做完功課，就先別管字寫得漂不漂亮，只要寫正確即可。

又如規定孩子每天彈琴五遍，目標很清楚是「彈琴五遍」；即使孩子不耐煩、不願意、態度不佳，只要依照約定完成就該給他鼓勵。要特別注意的是，千萬不要設定成「彈到沒有錯為止」；這會讓孩子認為，反正怎麼做都無法達到標準。

當孩子彈完五遍，即使是氣沖沖地彈完，也應該針對他的配合度加以鼓勵。這時，原本心不甘、情不願的孩子，態度就會變得比較緩和。讓孩子知道大人「言出必行，不索求無度」很重要，五遍就是五遍，孩子就比較能配合。教養的重點在於：規律地進行這些規範，並且信守承諾，以取得彼此的信任。

一段時日後，再慢慢和孩子溝通練習的品質和成效；換句話說，一次一次慢慢地把孩子帶到預訂的目標。若一開始就跟孩子起衝突，可能親子雙方就只能爭吵不休，沒完沒了。

三、設定的標準要符合孩子的能力

如果標準過高，孩子難以達成，很可能努力三天後就放棄了。如果孩子不喜歡規定，不妨換個方式，例如將背英文改成看英文；雖然背比較快看到成效，但看久了一樣可達到學習的效果。

四、做好預防性措施

讓孩子瞭解你的期待，並教導他表現良好行為的技巧；同時，事先打造出合適的環境，以避免可能出現的不當行為。例如，希望孩子將脫下的外套掛好，就必須在房間或浴室做好掛衣服的設計；希望孩子整理書本文具，就必須準備好收納空間和用具等；帶孩子出席社交場合時，讓他自備一本書，並估計多少時間可以看完，就比較不會出現過度好動的情形。這些預防性措施，雖未必能解決孩子的注意力問題，但可幫助他減少許多衝突產生，改善親子關係。

五、避免過度糾正

我們常犯的錯誤是，孩子鋼琴彈錯一遍，就罰他彈二十遍；字寫錯就罰寫兩百遍。當孩子被過度處罰時，自然降低學習興趣，最後索性不做了。

六、處理當下情緒

當孩子情緒很火爆時，先暫停吧！有個孩子只要一生氣，就劈里啪啦地開始詛咒父母，這是他生氣的表現方式。其實，父母可以教他：「罵那麼多很累，只要告訴媽媽你很生氣就行了。」有些人的生氣方式是激怒對方；若雙方都不肯退讓，情緒停留在怒氣中，甚至會因為一再被激怒而說出不該說的話。這時，父母和孩子都可以學習一些合宜的處理方式；例如，以燈號來代表及覺察自己的當下情緒狀況：紅燈時宜冷靜，要踩煞車，克制衝動；黃燈時，再瞭解問題所在，思考可能的解決辦法及產生的後果；而綠燈，則是對於引發情緒的行為，選擇一種解決辦法，付諸實行。

由於專業的訓練，我一直覺得自己的情緒相當穩定，平時也利用陪孩子上學的空檔，輕鬆地和他們聊天。不過，有一次看完夜診回到家，時間已經有點晚了，看到老二還沒睡，又叫不聽；不知為何無名火就上身，生氣地要他隔天自己走路去上學。第二天早上，看到他自己穿好衣服準備出門，我一時搞不清楚狀況，還問我女兒「弟弟怎麼了？」女兒才說是我要弟弟自己上學去。

情緒處於憤怒時，很容易不小心說出過當的話。曾有媽媽氣得對孩子說：「那你就不要給我回來！」結果孩子就真的背了書包走出去，媽媽這才擔心地趕緊制止。但這一來一往，便失去規範的力量，日後更不容易管教孩子了。為避免說出一時的氣話，必須及時踩煞車，雙方各自退開冷靜；待情緒平息後，再討論如何解決問題。例如，孩子又忘了帶外套回家，如果生氣地教訓他，他也會很生氣；因為孩子覺得又不是他的錯，是同學拿走了。這時應該先冷靜一下，隔天再明確地教導他，不妨寫張字條來提醒自己帶外套回家。總之，目的在幫助孩子解決問題。如果事先已有約定，忘記帶外套就不能看卡通；那麼，即使孩子生氣了，父母仍必須貫徹執行這個約定。

與孩子溝通時，應儘量避免激起孩子的防衛。這也是在日常生活中常見的溝通困境。例如，對方遲到了，若劈頭就問：「你為什麼遲到？」一對方越解釋，另一方通常就越火大。不妨換個方式說：「我告訴你，我好累喔！我在這邊等了好久……」對方通常就會表示歉意了。有一次，女兒也曾對我的重複要求感到厭煩而生氣；我跟她說，如果她覺得我說太多次了，可以告訴我，並說好何時會做到，我就保證不再說了。換句話說，我們要趁還沒生氣時，就把規則訂好。

曾經有個孩子被迫前來看診；他正在氣頭上，每一句話都在罵人，還直說看心理醫生沒用。我向他表明，我自認自己對有些青少年還是很有幫助，但很遺憾幫不了他的忙；若他覺得不喜歡，可以找其他心理醫生，只要適合、能解決他的問題就好；如果沒找到，又覺得我還可以幫些忙，可以再跟我聯絡。說完，他竟伸手接過我的門診時間及聯絡方式。我想，若一開始用質問的態度，很可能馬上就引發衝突了。

說出自己的感受，要比直接指責對方有效多了。如果直接指責孩子：「你為什麼那麼粗心！」孩子的第一反應一定是：「我哪有？」馬上激起他的防衛和憤怒。所以，抑制衝突的第一道防線是，讓自己的反應變慢，不要馬上生氣。第二，退到一旁，告訴孩子你累了，需要休息；這時孩子也會態度軟化，因為媽媽累了，需要休息。待情緒平復後，再明確討論出解決方案。

七、安排特別共處時光，寧可每天花半小時全心全意陪伴孩子，也不要等到孩子出問題

我們家從不看電視，但我會陪孩子一起看DVD，或到電影院看電影。我喜歡和孩子一起專心做一件事；看DVD前，孩子學會了說：「大家都準備好了嗎？我們要開始看了喲！」然後專心享受共處的時光。父母可以觀察孩子的喜好，適時進行討論，而不是邊看電視邊做其他事。

另一個共處的好處是，讓孩子的歡樂時光中有你的相伴，而不是全部來自電腦，甚至，與父母的互動盡是挨罵。其實，只要能跟孩子培養出良好的關係，讓他在意你的存在，他們自然而然會收斂起讓你不悅的行為呵！

SMART的親子教養祕笈

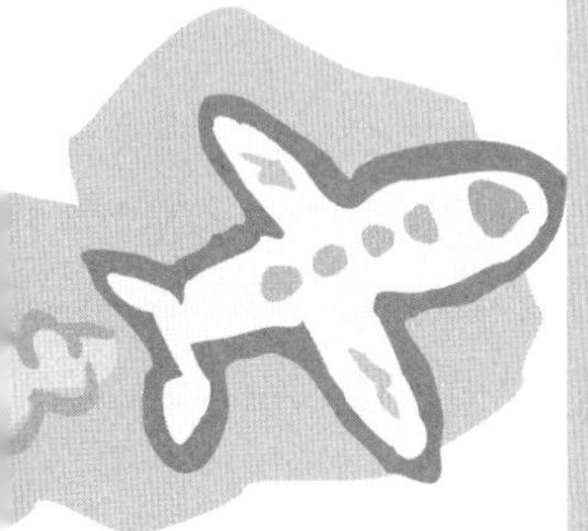

在親子關係中重現微笑
——談父母的壓力調適

● 想尋求心理協助的人該怎麼辦？

● 孩子面臨大考時，產生拉肚子、睡不好、脾氣暴躁等生理與心理反應，並隨之出現易怒、頂嘴等反應行為。

● 上大學的孩子，早上九點要上課，九點十分還在家裡看報紙。

● 女兒突然變得不太友善，不跟爸媽打招呼，老是自顧自地看電視。

● 孩子每天睡到八、九點才起床，起床後從不出房門，就開始玩電腦。

◎黃龍杰（台灣臨床心理學會理事、中崙聯合診所心理師）

有位小姐因部門主管換人而一時無法適應，下班回到家後又必須照顧二名幼子，因此雙重壓力下導致心力交瘁；晚上就寢時，常感到莫名恐懼而輾轉反側，終於連續失眠。

她之前看過「心靈捕手」、「美麗境界」等電影，對心理諮商有點概念。在她的認知中，心理諮商室的氣氛和諧溫暖，會有張舒服的沙發讓患者放鬆心情；醫師會耐心十足地傾聽患者訴苦，瞭解其煩惱和不適；甚至會回溯到患者小時候，試圖找出長期隱藏在心底深處的創傷，以解開目前的困境。

這位小姐便帶著這樣的既有印象來到醫院的精神科掛號，想請醫師幫忙找出她無法與新主管和諧相處的原因。

等候了一個小時，終於輪到這位小姐了。走進診間，映入眼簾的是醫師正專注地打著他面前的電腦。一見到醫師，她便迫不急待地將滿腹辛酸一吐為快：「我晚上都睡不好，所以白天精神不濟，又有兩個孩子在吵……」叨叨絮絮了三分鐘後，醫師開口了：「我把藥開好了，妳可以去拿藥了。」小姐一驚，不禁納悶：怎麼跟電影演的不一樣？急忙說：「醫師，可是我話還沒說完……」「沒關係，妳要說的我都知道。」醫師不疾不徐、胸有成竹地回答，並再次要她快去拿藥。

醫師從頭到尾只抬頭迅速看了這小姐一眼，就又盯著電腦敲著鍵盤。這可把她氣炸了，索性連藥都不拿就走人。

苦悶、壓力大，先找心理師

心理遇到困難時，不要坐困愁城，要積極尋求外援，並善用心理醫師和心理師分工合作的資源。

現代人壓力大，尤其職業婦女要兼顧工作與家庭，可謂蠟燭兩頭燒；因此，很多人都有精神官能症的困擾，最輕微也最常見的症狀就是——失眠。

在台灣，到醫院的精神科或身心科去看診，醫師的門診時間理論上是三小時，例如從早上九點到十二點；但是，大部分醫師都會看到下午一、二點，因為病人實在太多看不完。以前沒有合理門診量限制時，曾有醫師看診到二百號。

試想，必須連續工作這麼長的時間，每位病人能分配到的時間仍相當有限；在此情形下，醫師其實也很焦慮——焦慮他的病人看不完。因此，很遺憾地，大部分的醫師目前只能做到診斷和用藥兩件核心工作，而沒有太多時間傾聽病人的痛苦。

那麼，想尋求心理協助的人該怎麼辦？如果是學生，可以向學校的諮商或輔導中心求助；如果是一般民眾，不妨先洽詢各縣市的「社區心理衛生中心」或「家庭教育服務中心」，可望獲得免費或平價的服務。若是到醫院的精神科或身心科門診，也可請醫師開立轉介單，再和臨床心理師進行每次五十分鐘的深度會談。

比較遺憾的是，醫師通常不會主動告知可與臨床心理師會談的訊息，原因出在成本問題——健保給付偏低。醫師看一次門診只要三、五分鐘，就可賺取診療費，算是「大量生產」；但是，心理師就屬於「手工製造」——採行一對一方式。工作五十分鐘後，能替醫院向健保局申請到的費用相當低；從前為五百元左右，近年則縮水到三百多元。心理師和醫師一樣，要經過七年以上的專業養成教育，收入卻比一小時要價八百元的按摩師還不如。所以心理師常會半開玩笑地感嘆，不如幫病人按摩腳底算了。

總之，醫師可能不會主動告知病人可轉介給心理師作諮商，而必須由病人主動要求。但是，現在醫院裡的心理師為數很少，恐怕約診的時間會拖很久；如果病情嚴重，可能遠水救不了近火。於是，有些患者乾脆求診需自費的私人診所。

事實上，台北市各社區的「健康服務中心」（原衛生所）目前都有心理師駐診，只要打電話去預約，就可享有和醫院一樣的心理諮詢服務；雖然每次只有半小時，但費用只要五十元。相對於私人診所的要價，這項福音對一般收入者來說，可說是雪中送炭。也期待日後這樣的資源能平均分配到台灣各地，讓人人都能享受到這項便民措施。

如果是憂鬱症等較嚴重的病情，需要醫師開藥治療，就不妨雙管齊下：一方面在醫院拿藥，一方面與社區的心理師作諮商。總之，遇到困難時，不要坐困愁城，要積極尋求外援，並善用心理醫師和心理師分工合作的資源。

良好親子互動，從壓力調適開始

若家中有人生病、家人間相處不愉快，或者成為卡奴而身陷卡債，種種壓力都會造成我們生理、心理、行為三方面的反應；而且，這三種反應總會連鎖出現，影響到我們的健康。

在親職講座的會場，常見父母——尤其是媽媽——以及師長，也承受著與孩子互動過程中所產生的壓力，而壓力正和我們的健康息息相關。要關心家人和自己的健康，就不得不正視壓力調適問題。

我是一名心理師，專長就在壓力調適。多年來一直從事第一線的諮商和教育工作，看到很多由於壓力所引起的個案，很值得提供給大家當作生活上的借鏡；同時也給予一些實用的資訊，幫助大家促進親子互動的良性循環，促進我們的身心健康。

世界衛生組織（World Health Organization, WHO）指出，我們的身心健康應該同時包含三方面，第一是身體的健康（Physical Well-being）——肉體的健康，即要頭好壯壯、耳聰目明。第二是心理的健康（Mental Well-being），也叫心智的健康，是指我們的情緒、思考，以及碰到外界事物時的反應。第三是社會的健康（Social Well-being），亦即人際關係的健康，每天晚上與家人、孩子相處是否愉快？上班時與上司、下屬合作是否順利？若無法與別人和諧相處、互助合作，反而處在爾虞我詐、勾心鬥角中，心情鐵定不佳，就會連帶造成身體不適。這三項健康狀態必須同時看待。

提到健康，就不得不提到壓力。若家中有人生病、家人間相處不愉快，或者成為卡奴而身陷卡債，種種壓力都會造成我們生理、心理、行為三方面的反應；而且，這三種反應總會連鎖出現，影響到我們的健康。（圖一：Barbara S. Dohrenwend於一九七八年所提出的壓力與反應理論）

壓力和反應

人生不可能完全沒有壓力，出現反應實

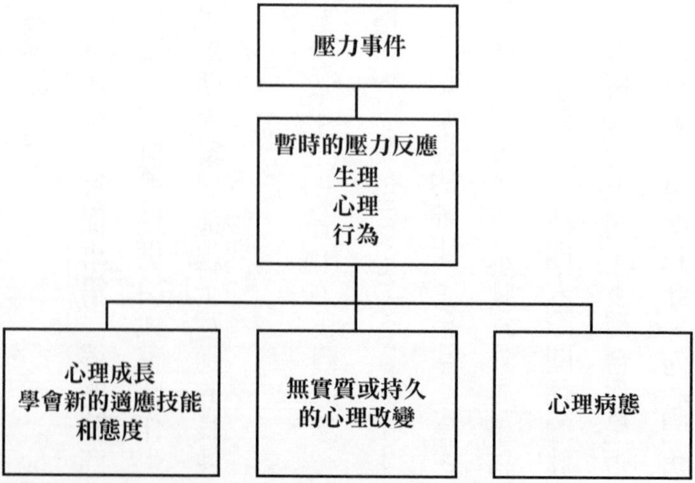

*圖一：壓力和反應（Dohrenwend, 1978）。

屬人之常情；我們較在意的是結局——能否事過境遷，危機解除，恢復原狀。

孩子面臨大考時，可能會產生拉肚子、睡不好、脾氣暴躁等生理與心理反應，並隨之出現易怒、頂嘴等反應行為。

家長同樣也會常感不耐和氣憤，忍不住催促孩子快去讀書、不斷碎碎唸等。當出現生理和心理反應後就會緊接著出現行為反應，如上述的頂嘴、叨唸等。

若行為失控，就會影響家庭氣氛，惡化和家人的人際關係；再處理不當，甚且會將這些負面情緒帶到學校與職場，波及與同儕間的人際關係。

由此我們發現，生理、心理、行為這三種壓力反應，和上述世衛組織所指出的身體、心理、社會三種健康，頗有相似之處。

在心理反應方面，又可細分成二類，一類跟ＥＱ有關，就是我們的情緒反應；另一類跟ＩＱ有關，是指認知的能力。我們並發現，ＥＱ會影響

IQ。

相信大家都有這樣的經驗：小時候，老師或爸媽要我們背書，明明私底下背得滾瓜爛熟，一旦要正式背時，卻緊張得腦中一片空白，完全想不起來；這就是EQ影響了IQ，使得表現失常。但也有人的神經較大條，屬於狗急跳牆型；平時迷迷糊糊，臨到頭時卻總能急中生智，表現得特別神勇。例如，曾經旅日的張誌家，只要一站上萬人的大球場，就顯得人來瘋，表現特別優異。

每個人的自律神經敏感度不同。有些人天性較害羞，一緊張就心跳加速、血壓上升、渾身顫抖、冷汗直流；從中醫或許多民俗療法的觀點，也可以發現許多壓力所造成的生理反應，如火氣大、嘴破、長痘痘、口臭、口乾舌燥等。也有些人雖然這兒痠那兒痛，但並沒有細菌感染，也沒有身體外傷，更找不到任何病兆；其實，這是一般所稱的心身反應，或稱「身心症」，亦即受到壓力後身心所產生的症狀。

人生不可能完全沒有壓力，出現反應實屬人之常情；我們較在意的是結局——能否事過境遷，危機解除，恢復原狀。許多小朋友考完試後，如果不是考得太差、沒被罵得太慘，就能鬆一口氣，立刻跑出去玩；同樣地，孩子考得不壞，家長就自然解除緊張狀態。

從壓力中成長

以前碰到問題時，只會用一根鑰匙搜尋解答；但現在會試著使用第二根鑰匙，這就是成長。

有些事情能夠船過水無痕，不再困擾我們；但有些事就會在心裡留下影響，我們或可藉以獲得成長。

何謂心理成長？暫且擱置心理學上的嚴肅定義，以生活口語來說，就是懂得用不同的方式來處理問題。以前碰到問題時，只會用一根鑰匙開啟解答；但現在聰明些，會試著用第二根鑰匙。此外，以前碰到要上台就緊張得心生抗拒；當上主管後，因被迫要常上台講話，一回生、二回熟，就磨練出勇氣了。還有一種是完全從正面的角度去看待困難；凡遇到挫折時，就將其視為上天的考驗，是要我們去完成的人生功課。

詐騙電話現在極為猖獗，為人父母最怕接到孩子被綁架的詐騙電話了。據說，有對父母接到歹徒的電話，聲稱他們的寶貝女兒在他手上，要脅他們立刻付出三十萬贖款，還讓他們聽電話那頭傳來的求救哀嚎聲；這對父母緊張得不得了，馬上到住家附近的自動提款機，按指示悉數把錢匯出去。七手八腳完成任務後，兩人驚魂甫定地對望，才發現事有蹊蹺；因為，他們只有三個寶貝兒子，並沒有女兒。

這也許是笑話一則，但這故事告訴我們：人一緊張害怕，可能就變笨了。我相信，以後再接到這種電話，他們一定不會再上當；所謂「上一次當，學一次乖」，再笨的人也會從中獲得心理成長。

認識精神官能症

現代人在壓力下所呈現出來的通常是煩惱，不斷地煩這煩那，大部分是屬於較輕微的精神官能症。

最令我們擔心的，是由於壓力和打擊過大而無法恢復正常，就生病了，即所謂的「心理病態」。心理病態並不可怕，它並非什麼嚴重的精神疾病；如果我們把心理疾病以金字塔的圖形畫分，在最頂端的是屬於較嚴重的精神分裂症、妄想症、躁鬱症等，恐怕不超過總人口數的百分之三。

躁鬱症發作起來，會呈現週期性的情緒過度高昂或低落，以致於影響社會生活與生理功能。而現代人在壓力下所呈現出來的通常是煩惱，不斷地煩這煩那，大部分是屬於較輕微的精神官能症，如睡眠障礙、食慾不振或暴飲暴食，或是憂鬱症、焦慮症等，林林總總加起來有一、兩百種之多，有些醫師在其診斷上可能統稱為「自律神經失調」。這些都是屬於輕到中度的精神疾病；一般而言，預後（醫師對於病人未來的疾病發展情形、以及治療後的恢復程度所做出的評估）良好。

據美國統計，他們罹患精神官能症的比例為百分之二十；這些人當中，有些人只是很輕微的憂鬱症或焦慮症或某種恐懼症，甚至輕微到一般人根本不在意而沒有就醫。在台灣，據推測應該是百分之十五到二十之間；換句話說，百分之八十以上的人，面對壓力時都能咬咬牙就撐過去了。如果有人覺得承受不住壓力，應該在初期就協助他到醫院就醫，尋求藥物治療；或向心理師尋求心理諮商，使他達到可以消化壓力的程度。

曾有位仁兄跑到動物園看獅子；但是，他不是站在籠子外，而是爬進圍籬，在二隻獅子面前滔滔不絕地傳道，要牠們努力做個好獅子。

這位仁兄是屬於較嚴重的精神患者。這類患者缺乏兩個功能，其一為現實感，亦即能判斷什麼是安全的或危險的能力。上帝不會要你去向獅子傳教，這不合理；這位仁兄缺乏這個現實感，表示心理健康有問題。

第二為病識感。一般人都有病識感，像是肚子痛會去服藥或看醫生；

但缺乏病識感的人即使自己生病了也不曉得；別人要他就醫，他會直說自己沒病。像這位仁兄，可能會說有問題的不是他，是那二隻獅子。

再者，精神病患還多出了兩個常人沒有的現象。其一為妄想，即脫離現實的想法，但病人卻堅信確有其事。

有個朋友A遇上十多年不見的老朋友B，兩人都要北上，就順道載他。車子行駛在高速公路上，原本愉快地話當年，後來，A逐漸感覺不對勁，他發覺B總是盯著照後鏡，顯得神情慌張。一問之下，B說有人在跟蹤他，「就是後面那輛黑色的BMW！」

A內心狐疑，猜想：這老兄該不會是搞軍火走私的，被調查局盯上了吧？過沒多久，A發現那輛黑色BMW不見了，就說沒人在跟蹤了；但B堅稱他們還在後頭。A說：「可是車不見了！」

B回答：「這次他們換成白色賓士了！」

觀察喝醉酒的人，或許更能理解妄想是什麼情況。有個喝醉的人一直覺得對桌的人不懷好意地在看他，便想過去理論：同桌的友人攔住他說，是他自己喝醉了，對桌的人背對著他們，根本沒在看他。結果這喝醉的人更生氣了，怒喊：「那他為什麼不看我？分明是瞧不起我！」也有飆車族騎在路上覺得有人多看他一眼就亂砍人；也有些會對老婆施暴的人，看到老婆跟別人說兩句話，就妄想她有外遇。這些都是過度敏感，和喝醉酒、嗑藥的人一樣，產生接近妄想的意念。

有妄想的人通常會連帶產生幻覺，幻覺包括視覺、聽覺、嗅覺、觸覺等，最常出現的就是聽覺和視覺；例如，看到窗外有不明人影、夜半聽到怪異聲響等。曾有個美國人喝得酩酊大醉，半夜醒來時驚覺有一條蛇爬在身上；便抓起床頭的手槍朝棉被裡的蛇開了一槍，結果被緊急送泌尿科做重建手術：原來，他是被幻覺害慘了。甚至有些信仰到走火入魔的人會跳河自盡，因為他幻聽到神明在召喚他。

憂鬱症患者並不會害人，他的所有負面情緒都只繞著自己糾纏，只想了結自己的生命；但是，若他認為自己一走了之後，留下的孩子更可憐，就有可能帶著孩子一起走上不歸路。有些憂鬱症患者會一直往負面的想法裡鑽牛角尖，有時會鑽得十分離奇。曾有個患者認為，現代人把地球環境糟蹋得一塌糊塗而不能再住下去了，後代子孫得移民到外太空；但他又擔心，屆時大家爭先恐後，造成交通大壅塞，他的子孫就會在途中發生車禍而死在太空中。總之，想法不僅離奇，而且完全負面。像這麼嚴重的負面思考，只會偶爾發生在「重鬱症」患者身上。

幸運的是，現代醫學相當發達，即使是較嚴重的精神分裂症、妄想症、躁鬱症、重鬱症等，症狀都可能改善甚至康復；主要是以藥物治療為主，心理治療為輔。以躁鬱症來說，若能配合醫師長期服用治療藥物，再發的機率就會降低。但最大的問題，就出在大部分民眾對用藥產生抗拒，認為是精神病的藥而不願服用。這真是不可承受之重啊！

我們對躁鬱症患者作心理治療時，其實常花很多心力在解決患者的心理衝突，教育他們要按時服藥；如果願意按照醫師指示服藥，一段時間後情況好轉，藥量就會逐漸遞減。有人認為，精神科的藥得吃一輩子，這其實是錯誤觀念；用藥主要是視病症及病情嚴重性而定，每個人的情況不一。但是，這個錯誤觀念害慘了許多人。

青春期的情緒問題要先從改善親子互動著手

有的父母認為孩子是躁鬱或是憂鬱，但後來發現原來是親子互動出了問題——父母想要決定孩子的一切；但孩子要做自己，於是加以反抗。

青春期孩子的情緒反應本來就比較劇烈，倒不一定是病態；但父母可能因為無法理解孩子的反應，就認為孩子是處在躁或鬱的狀況。在我們接觸的很多個案中，有的父母認為孩子是躁鬱或是憂鬱；但後來發現原來是親子互動出了問題——父母過度控制孩子，想要決定孩子的一切；但孩子要做自己，於是加以反抗，而出現摔東西、暴怒等情形。

若孩子的情緒不穩，不宜過度解讀，要先瞭解造成孩子情緒起伏的來龍去脈，是不是和同學的互動出問題？在學校遇上什麼困難？和家人是否爭吵等？未必因為孩子暴怒發飆，甚至動手打人，就斷定孩子有躁鬱。試想，退回二、三十年前，大家還不太具有精神疾病概念時，就不會說孩子是躁鬱症，而可能認為是「被煞到」或「卡到陰」了。總之，對孩子的評估寧願先保守些，不要立即給孩子貼標籤。

至於精神疾病會不會遺傳？事實上很難一言以蔽之。現代醫學叫做「心身醫學」，和二十世紀中期的「生物醫學」不同。生物醫學只考慮生理層面、體質因素，如父母有無憂鬱症，就會連帶想到子女有無憂鬱症；但心身醫學還會考慮到心理層面和社會因素。心理層面包括人的性格、生長背景、從小學習面對壓力的方式以及ＥＱ等；社會因素則考量到他的成長環境、人際關係是不是充滿挫折，例如在管教極嚴的私立學校就讀、成績始終排名最後等。將心理和社會因素一併思考後，就會發現遺傳因素並非絕對地產生影響。固然有些疾病會遺傳，但父母有精神疾病，並無法直接推斷孩子也會發病，還必須考量個性、家庭氣氛、人際關係等因素。

總之，要解決親子互動問題，關鍵在於找出問題真相，而非急著幫孩子貼上某類疾病標籤。最佳解決方式是帶孩子去看醫師或心理師；尤其是心理師。因為醫師的門診很忙，三、五分鐘常不能仔細瞭解問題。診斷出病名，不等於就能治療疾病。若是憂鬱症還好，醫師會開抗憂鬱藥物；但假如不是呢？

比如說，青少年時期有一種診斷叫做「對立性反抗疾患」，就是常不服管教，亂發脾氣或招惹同學。這種診斷對家人並無太大幫助，因為家人就是知道孩子很會反抗和對立才來就醫，且這種病症也無特效藥可醫；換句話說，屬於互動或習慣的問題不能單靠藥物解決。再說，孩子若是反抗與對立，即使給了藥他也不見得會吃。又如，發現這個孩子是受虐兒，即使施予藥物也不能改變他的病，因為醫師不能改變打人的父母。

醫師進行診斷和開藥，有其標準作業流程，但處理互動問題則沒有標準作業流程，這也是最難處理的大問題。心理師則可以花較多的時間來傾聽孩子的問題，瞭解親子的互動，藉以判斷是罹病或是屬於青少年的叛逆，或者其他因素所造成；這部分則需靠父母、老師和心理師共同努力。

舉個例子來說，有個已經上大學的孩子，早上九點要上課，九點十分還在家裡看報紙，一副悠哉悠哉模樣，倒是媽媽急得半死，最後總是塞錢讓他坐計程車去上學。這位媽媽不明白孩子為何總是那麼悠哉，但問題可能就出在媽媽處理這個問題的方式。互動問題不是藥物可以解決的，因為問題可能是媽媽總是給錢，等於變相鼓勵孩子悠哉地坐計程車上學。所以，與孩子的互動問題，可能要回過頭來檢視家長和老師；當師長為孩子做太多，孩子就什麼都不必做了。

有項針對乳癌病人的研究，將病人分成實驗組和對照組。後者接受傳統的開刀、放射線療法、化學療法；前者則再加上團體和親子治療，即讓病友及其家屬加入社團，大家互相加油打氣、分享經驗、傳授祕訣。結果，前者的壽命較後者長，而且長達一倍以上的時間。這個研究報告可以完全證實，只是進行生理的治療是不夠的，必須再加上心理及社會治療。

身心靈成長計畫

壓力會造成身心不適，要改善症狀，就得改善生活習慣，建立健康行為。

壓力會造成身心上的不適，要改善症狀，就得改善生活習慣，建立健康行為；所以，醫師時常叮嚀病友要多運動、不要熬夜等。但這些健康習慣的建立，唯有靠病人自己。

如何改善我們的精神壓力？

首先是自助，即改變自己、學會成長，所謂「經一事、長一智」。第二為人助，即獲得家人、朋友在經濟上及精神上的支持。第三為天助，即倚靠宗教或靈修的力量（請參考圖二：壓力調適公式）。尤其台灣人普遍接受求神問卜，要去看心理醫師也許還會產生若干心理抗拒；但聽說哪兒的神明很靈驗，都頗願意一試；也難怪許多廟宇總是香火鼎盛，精神門診則可說是門庭若市。孩子要考試，就去朝拜龍山寺的文昌帝君；之後，孩子到了適婚年齡還找不到理想對象，就去求城隍廟的月下老人；婚後遲遲不見好消息，就前去保安宮拜託註生娘娘了。有什麼煩惱，都可以去廟宇向各尊神明請求。數百年來，廟宇文化對解決台灣人的心理困擾實在功不可沒。

$$\frac{\text{壓力源／主觀}}{\underset{\text{(個人應變)}}{\text{自助}} + \underset{\text{(社會支持)}}{\text{人助}} + \underset{\text{(宗教信仰)}}{\text{天助}}} = \begin{matrix}\text{身／}\\ \text{心／}\\ \text{行／}\end{matrix}\text{反應}$$

＊圖二：壓力調適公式（黃龍杰，1999，改編自柯永河教授之心理健康公式）

接下來說明可以改善精神壓力的「身心靈成長計畫A～F」：

計畫A Action 變法

美國大導演史蒂芬．史匹柏曾說：「只有傻瓜，才會每天都做同樣的事，卻期待有不一樣的結果。」

如果你的孩子突然變得很叛逆，或顯得相當消極，或你搞不懂他在想什麼、他老是無法讓你滿意時，一般師長的反應是：這孩子怎麼搞的？必須要扭轉他、改變他才是。其實，我們應該先反躬自省，也許問題是出在我們的行為上。

我自己的女兒小三時，突然變得不太友善，不跟爸媽打招呼，老是自顧自地看電視。我覺得言教不如身教，就決定以身作則，告訴她什麼是禮貌。於是，我每天下班回家後，看到她坐在沙發上看電視，就主動熱情地打招呼：「爸爸回來了喲！」她總是冷淡以對。我繼續提高我的挫折容忍度，不氣餒地招呼她：「爸爸回來了喲！妳功課寫好沒？要不要爸爸幫忙？」結果她的反應彷彿是：爸爸好煩、爸爸好無聊！

這孩子怎麼變了？她小時候每次看我下班回來，都會即刻撲過來抱住我的大腿，就像失散多年父女重逢般地熱情。每天都上演這種感人戲碼，我有再多的壓力和不愉快，也都在此刻拋諸腦後了。而今被她冷漠以對了三、五天，我忍不住火大了，就去找老婆討論；其實，我心裡沒說出口的是「養子不教母之過」，女兒變成這個樣子，媽媽應該要負最大的責任。記得那天老婆正在廚房裡切菜，她淡淡地說，女兒放學回來看卡通，這是她一天最放鬆、最快樂的時光，幹嘛硬要挑這個時間問她功課做好沒、要不要爸爸幫忙？真是哪壺不開提哪壺！

真是一語點醒夢中人！我這才發現，每天下班回家見女兒坐在沙發上看電視，我根本沒注意到她在看什麼，只是滿心想快速教會她懂禮貌，拉近親子關係。

第二天我就改變策略。回家後，我先回房換上輕便的家居服，然後坐在女兒身旁，陪她看卡通，那時才知道她看的是「神奇寶貝」。雖然這卡通的人物造型都很可愛，但劇情每天都一樣，就是好的一方和壞的一方互相派他們的寶貝打來打去，最後好的一方打贏了。其實我覺得滿無聊的，但為了與她產生共鳴，便興致盎然地和她討論劇情；我發現這招還挺有用，問她一些關於人物的問題，她的反應都很好，我們聊得很愉快。

我們又接著看下一齣節目「麻辣教師」，分享很多對這個節目的看法；令我驚訝的是，我這個大人覺得很有趣的部分，她這個小孩反倒覺得很幼稚。但無論如何，我們變得很有話聊，而且我改變了對女兒的看法，覺得她是個有說有笑的乖女兒。我想她也對我改觀了，因為我不再是那個老是嘮叨、要她做功課的老爸；而是會陪她看電視，喜歡她所看的節目的老爸。現在，我們的感情非常好。

從與女兒互動的過程，我學會了有時候必須投其所好，而且必須親身參與其中，不能只是嘴巴講講，而要付諸行動。能夠和孩子共同進行一件事，你才能成為他的夥伴。不要急著想改變孩子的行為，必須先和他建立起死黨般的情誼；因為，孩子到了青春期階段，往往更重視朋友。美國大導演史蒂芬．史匹柏曾說：「只有傻瓜，才會每天都做同樣的事，卻期待有不一樣的結果。」回顧我自己，在這個過程中，一開始不也像傻瓜似的每天都做同樣的事，一個勁兒地相信所謂「皇天不負苦心人」，以為苦心可以感動天，其實未必。

有人說：「當你把注意力放在如何改變自己時，才能主動掌握自己的生命。」沒錯！當我們改變自己的行為時，我們同時也在幫別人鋪下改變的路。如果像前面提到的那位媽媽，只會塞錢給孩子坐計程車上學，孩子當然無法改變上學遲到的毛病；因為媽媽太負責，孩子就學不會負責。

現代青少年常沉迷網路，甚至得了「網路成癮症」。有的孩子從一早起床就掛在電腦前，直到三更半夜還在玩電腦，不去上學；最後，學校要孩子休學，家長於是向心理師求助。諸如此類狀況，解決方法其實並無標準答案；因為，十個家庭可能就有十個不同造成的原因。有些家庭分工是爸爸從來不管事，由媽媽全權處理；我們看到帶孩子來求診的，絕大多數都是媽媽，由媽媽心力交瘁地說明孩子很反抗或很憂鬱。其實，一家人就像一組齒輪，必須分工合作，無法期待只由一個齒輪帶動。尤其當孩子就是那個最不想動、最不想改變現狀的齒輪，媽媽通常是最受苦、最堅強也最想改變的人；但光靠一人之力是不夠的，爸爸不該參與其事嗎？千篇一律的說辭都是：「爸爸有事，很忙不能來。」「哦！他有來啦！但在車上看報紙。」如果爸爸不想參與改變，事情是不容易有所進步的；孩子的良性改變，必須靠大家共同的良性互動。

有位媽媽因為了有個休學在家、整天「掛網」的孩子煩惱不已。她表示，孩子每天睡到八、九點才起床，起床後從不出房門，就開始玩電腦。由於孩子不出來，媽媽就好心地將早餐送進房裡，並苦口婆心地要孩子吃點東西，不然都瘦成了皮包骨。但只要再多說兩句，孩子馬上變臉；媽媽只好摸著鼻子默默出來，過一會兒再進去收拾早餐。中餐也是一樣由媽媽送進房裡，媽媽總是忍不住要孩子少玩電腦，並多吃點東西；每每說到這裡，孩子又板起臉來，媽媽只好又默默離開。

我能明白這孩子為何喜歡待在房裡，不去上學了；因為，自己的房間就像專屬的網咖包廂，不但無人打擾，還有人定時送餐，真是再舒服不過了，幹嘛上學去呢？這時，恐怕不該抱怨孩子什麼都不做，而該質疑這位媽媽為何要做這麼多。還有些父母不陪同孩子做心理諮商，因為他們知道心理師會認為父母該負部分責任；他們怕被究責，於是有了鴕鳥心態，總待在診間外，不肯與孩子一起面對心理師、面對問題。

人無法離開人際關係而活；一旦人際關係不健康，就會導致前述的生理及心理不健康，精神官能症就隨之而來。如果罹患憂鬱症，我們的解決之道是一方面服藥，一方面從改善人際關係著手。

前述這兩位媽媽，可能都不知道是自己出了問題，而認為是孩子本身出了什麼狀況，導致得了焦慮症或憂鬱症，這就搞錯方向了；因為解鈴還須繫鈴人，得從媽媽自身改變起。因此，做心理諮商的另一個好處，便是藉由旁觀者清來點醒當局者迷。

為什麼有句話說「觀棋不語真君子」？不語的原因正是因為旁觀者清啊！在家庭互動的這盤棋中，實有賴旁觀者來幫助釐清事實真相；否則，光靠自身反省，反省到的永遠是早已了然於胸的事，而非真正的盲點；一味埋頭苦修，卻始終無法修成正果。有誰可以看到自己的後背呢？理完頭髮後，不也要理髮師拿面鏡子在後面照，你才看得清自己後方的頭髮需不需要再修整嗎？做心理諮商的道理也一樣，這也是最重要的部分。

計畫B Belief 轉念

英國詩人米爾頓說：「思想可以使天堂變成地獄，也可以使地獄變成天堂。」有時我們不妨逆向思考，想辦法把地獄轉化成天堂。

有時候我們看到自己的盲點了，知道該改正哪裡，卻未必改得了；知道和做到往往是兩碼事。每個家庭文化不盡相同，有的教孩子要對大人言聽計從，沒做到就糾正；有的視孩子為心肝寶貝，捨不得說句重話。英國詩人米爾頓說：「思想可以使天堂變成地獄，也可以使地獄變成天堂。」很多時候我們不妨逆向思考，想辦法把地獄轉化成天堂——一切從改變觀念開始。

《謝謝你折磨我》（水瓶世紀出版）是一本教我們如何以敵為師，來調適壓力的另類勵志書。書中有很多妙喻，例如碰上受不了的事；折磨你的人，可能是孩子或你的另一半，婆婆或媳婦，也可能是上司或同事，甚至就是你的爸爸或媽媽。此時，不妨逆向思考：「魔鬼就是天使的化身。」這孩子或這個討厭鬼之所以會對你這樣，其實他們是上帝或佛祖派來的使者，只是穿著魔鬼的外衣，一時讓你辨識不出來；所以你會生氣、會責怪他，會不斷地促進惡性循環。

遇到煩惱和壓力來襲時，你需要的是轉念！請記住，有時「逆向思考就是最好的正向思考」。遇上討厭鬼，就當他是穿著魔鬼外衣的天使，是來考驗我們的ＥＱ、來幫助我們成長的。試想，若不是我女兒的叛逆，我怎會知道她的心理；因為她的叛逆，才讓我成長。所以，孩子也是來抽考我們的，看我們的「生活與倫理」這門課能不能過關。

不僅是親子關係，轉念對於任何人際關係都十分有效。雨天走在壅塞的路上，被冒失鬼所撐的傘給戳到；走出巷口差點被疾駛的車輛給撞著；連買個東西都要看店員的臉色……遇上這些事確實令人不快，但不妨逆向思考：這一切不都是在考驗我們的EQ嗎？

打桌球和羽球，最怕遇到怎樣的對手？是喜歡殺球、殺氣騰騰型；還是喜歡吊球、心機很重的那一型？根據調查，最可怕對手的排行榜第一名是：不會打球的人！他讓你一整場都在撿球，撿得又氣又痛苦。

那些讓你覺得虛弱、受傷、不被尊重、不被珍惜、老是火冒三丈的人，不管是上司、媳婦或婆婆，他們通常都不是故意要傷害你；而是因為他們的EQ不好，不懂得人際相處之道；而且，你絕不會是那唯一受苦的人，因為他們對待別人也是如此。那個會用傘戳你的冒失鬼、會差點撞到你的駕駛、會惹毛你的店員，都是因為他們沒有敏感度，ＥＱ太差了。

你的孩子也是；他老是惹你生氣、折磨你，讓你頭痛、椎心泣血、不知所措，那是因為他還不夠成熟，沒學會好的ＥＱ。如果這時你也惡言相向，甚至以暴制暴，那你家不成了立法院，每天都在藍綠大對決？

因此，我們千萬不要再陷下去；要學會逆向思考，要用平常心去面對。這太重要了！

計畫C Company 同伴

西方古諺說：「分享快樂，能使快樂加倍；分擔痛苦，能使痛苦減半。」

西方有句古諺說：「分享快樂，能使快樂加倍；分擔痛苦，能使痛苦減半。」也就是說，除了孩子之外，其他的人際資源、支持系統也很重要。打個比喻，好的親情、友情、愛情就像心靈的維他命。

常言道：「給他魚吃，不如教他釣魚。」有時候我們需要有人給我們魚吃，借我們錢周轉，代勞一些工作、分擔家務等，這些屬於工具性的協助。有些人有過來人的經驗，能夠提供相關建議及資訊，幫助你複製他的成功經驗，少走一些冤枉路。還有一種是情緒性的支柱，如癌症病友們相互扶持，以及宗教的力量等，都可發揮精神上的慰藉作用。

計畫D Diversion 散心

遇到心理上過不去的時候，不妨打個電話給朋友，喝咖啡，聊是非、有助於放鬆緊繃的心情。

當你感到痛苦無助時，不妨把煩惱暫擱一旁，不要再往牛角尖鑽。

當煩惱工作、親子關係等諸多問題時，也必須留一點時間給自己；尤其是為人母、為人妻者，常常把自己奉獻給先生和孩子，久而久之就失去自我；驀然回首時才驚覺：我的自我哪裡去了？

自我，其實就是你的興趣和嗜好。你必須保有自己的興趣——唱卡拉OK、畫國畫、游泳都好；每週都要留給自己一些時間來樂以忘憂、渾然忘我；如此才有長期走下去的動力，人生也才有希望。人人都必須培養自己的興趣，涵養自己的一方心田。

遇到心理上過不去的時候，不妨打個電話給朋友，喝咖啡、聊是非，有助於放鬆緊繃的心情。若找不到朋友，也可以自己去逛逛街、看場電影、喝個下午茶。總之，要釋放自己，不要再往牛角尖陷下去。

計畫E Exercise 運動

要養成運動習慣，標準是一週三天，一次三十分鐘。

俗話說：「四十歲以前糟蹋身體，四十歲以後就被身體糟蹋。」因此，養成運動的習慣十分重要。

運動的原則就像三明治一樣，之前要暖身，才不致造成運動傷害；之後則要舒緩筋骨，二者兼備才能避免運動傷害。否則，一旦受傷就不能、也不會想再運動了。中間最重要的部分是進行有氧運動，如跑步、游泳、氣功等皆是。至於重量訓練，一般來說，東方人較不流行；我們不時興舉啞鈴，但至少在家可以舉舉礦泉水瓶。其他如仰臥起坐、伏地挺身等都相當不錯，可以鍛鍊體能、紓解情緒，且可達到塑身效果。最重要的是要養成習慣，標準是一週三天，一次三十分鐘。

計畫F Faith 信仰

信仰不一定是指宗教信仰，也可以是人生價值的提升與確立。

生活是最好的老師，挫折是最好的道場。人生若都一帆風順，人人就都不必成長了；但這樣的人生也可能很無聊，因為了無變化。

有次讀到暨南大學施教裕教授的「說文解字」。說到「富」和「福」的差別，很有意思。富，並未必就是福。就字面而言，「富」是屋頂下有一畦田；人們能夠有房子住，能夠自給自足，就算富裕了。但「福」字的旁邊還多個「示」，意指神明——表示除了有一技之長可以養家活口外，還要遵照神明的指示或聖賢的教誨，去關心別人，把自戀轉成博愛。

很多人是在中年遇到重大變故或挫折後，才轉向宗教尋求支持。

有對演奏家夫婦，當年兩人皆以優異成績畢業於音樂系，前程一片光明燦爛。然而，大女兒出生四個多月後，經證實為重度遲緩兒，一生都須仰賴別人的照顧，這噩耗讓兩人幾乎崩潰。一般父母在這種情形下，恐怕會畏懼再生第二胎；但他們勇氣十足地懷了第二胎，沒想到二女兒還是被證實為中重度遲緩兒。為了孩子，他們四處尋醫並求神問卜，家庭經濟也從優渥的高峰跌入負債累累的谷底。

正當最無助、絕望的時候，靠著信仰的力量，他們揮別陰霾，重新看待孩子如同上天所賜的天使。透過孩子，他們學會了無私的愛、接納與包容；而且居然又有了第三個女兒，是完全健康的寶寶，全家因此重燃生命活力。

基於多年的切身經歷，他們深感「父母先走出來，孩子才有希望。」於是成立了「天使心家族」，希望將自己的經驗與他人分享，並與所有遲緩兒家庭一起攜手共度。

這對演奏家夫婦藉由信仰的力量，把心志從自己轉而關心別人。信仰不一定是指宗教信仰，也可以是人生價值的提升與確立。我們的靈性需要修養，健康除包含生理、心理和社會外，據說，《大英百科全書》也把靈性列為健康的第四項。

總之，要做孩子的心靈捕手，不漏接孩子發出的每一球，讓他知道我們穩穩地接到了，他就會受到鼓勵而繼續發球，這就能形成良好的親子互動。

傾聽為什麼重要？因為傾聽就是在接球。同時，我們必須認知到憂鬱症並非憑空而來，只有極少數人是因為體質或遺傳、家族病史所致，絕大部分的成因是由於長期在不良的互動中形成。因此，就從調適壓力開始，從「身心靈成長計畫Ａ～Ｆ」做起，讓我們在親子關係中重現微笑吧！

SMART的親子教養祕笈

做家人的好家人

- 現在的企業都要求員工要精一門、通二門、學三門。
- 小學時，因一次犯錯，被父親用鏈子圈住脖子遊街懲罰。
- 孩子現在還在你身邊，這是永遠無法取代的寶貴時光。
- 雖然同住一個屋簷下，卻像活在兩個沒有交集的世界。
- 兒子醫學院畢業當天說，畢業證書拿回去掛著吧！
- 每天三更半夜才回到家，孩子難得見到我。
- 教孩子數學時，一而再、再而三地教不會。

◎莫正義（婚姻、親職教育講師）

「家人中，你對誰最不客氣呢？」當被問到這個問題時，絕大多數人的回答是「我的另一半」。

「是對自己還是別人的孩子比較會嘮嘮叨叨呢？」答案是「自己的孩子」。看來，我們都把傷害留給自己的家人。

出門在外，我們總是笑臉迎人，即便有所委屈和不滿，也不敢當場發飆，而是隱忍到回家後，才向另一半劈里啪啦地大吐苦水。我們把最親密的另一半視為現成的出氣筒和垃圾桶，毫不留情地將負面情緒發洩在他們身上，完全不顧他們的感受；卻又要求他們必須逆來順受，放下所有一切，真心真意地愛我們。

對孩子也是一樣。自己的孩子考試考不好，犯了一點小過錯，我們就覺得事態嚴重而小題大作地興師問罪。然而，別人的孩子就算功課差一點，就算行為有所偏差，我們卻顯得溫柔寬厚，總是苦口婆心地安慰：「沒關係啦」、「下次再用功點」、「不要再犯就好了」。

對自己的家人，我們總因芝麻小事就槓上了，對別人卻似乎很懂得欣賞，這實在太不公平了！

競爭激烈，家人是最親密的支持者

未來孩子光會一種技能和專長，恐怕不敷應付這個需求多元且多變的社會。

在這個日新月異的時代，社會型態變化快速，我們的下一代將生活在更激烈的競爭環境中。

以我們這一代來說，之前的法定退休年齡是六十歲；直到今年（二〇〇八年）四月，立法院衛環委員會初審通過勞動基準法第五十四條修正案，將勞工強制退休年齡延後至六十五歲。其實，不少經濟無虞的富豪，早在四、五十歲的壯年時期就逍遙地過著退休生活了。根據內政部所公布的統計顯示，二〇〇六年國人的平均壽命約為七十七．五歲；也就是說，一個人如果在六十五歲退休，到七、八十歲之間，還有長達十多年的時光。

而我們下一代的平均壽命又是多長呢？有些醫學研究報告指出，現在就讀小學的這一代孩子，在沒有意外的自然死亡情形下，平均壽命可長達一百二十到一百三十歲。這麼長的平均壽命，真是難以想像啊！如果不是健健康康、行動自如，則大概可以推知，他們將來也許是帶病延年，甚至身上都裝滿各項維生器具或移植的臟器來度過耄耋之年。

而這個世代的孩子幾歲可以退休呢？我們假設：有兩個人相差二十五歲，他們的學歷都相同；只不過，那位年紀大的在工作了二十五年之後，那位年紀小的才剛踏進社會。試問，如果你是老闆，你會選用哪一位來為你效力呢？

答案是後者的可能性很大。因為他所接受的養成教育最先進，也最符合當時社會的需要。換句話說，這個世代的孩子可以活得很久，卻被迫很早就要退休，因為長江後浪推前浪。再者，我們這一代所積攢的退休金，用來支付十餘年的退休生活也許還勉強夠用。而我們的孩子，如果得比我們早退休，當他花光退休金之後，還有好幾十年的餘生，該怎麼度過？

以前的人可以一招半式闖江湖，但以後就不可能了；現在的企業，都要求員工要精一門、通二門、學三門。若有二個人學歷相同，但一人精通多國語言，另一人只會國、台、英語；理論上，前者因為能閱讀多種語言，就能吸收更多方的資訊、得到更多元的知識；也因為前者能與各國人士建立良好的人際關係，所以較受歡迎；退休之後，當然也是前者再創事業第二春的路較寬廣。

時代與時俱進，在機械化、電腦化、自動化的趨勢下，驟減掉相當多的就業機會，僧多粥少是可預期的趨勢。在此情形下，未來孩子光會一種技能和專長，恐怕不敷應付這個需求多元且多變的社會。因此，教育孩子不能再只是要他竭盡所能去專精一項技能，而是要去培養、充實各項才能，開發更多可能性，將來在職場上才能獲得更多機會，人生之路才會愈走愈寬。

面對如此競爭、快速且變化多端的社會型態，迎在孩子眼前的將是多麼激烈的挑戰啊！這時，誰該是他們最重要、最有力的支柱呢？當然是家人。但是，反觀身為孩子最親密之家人的我們，是不是常給孩子過多的要求與壓力？讓他們在遇上挫折或失敗時，身陷前無可進、後無可退的困境？

管教過當，成為孩子一生的夢魘

很多父母都自認給孩子的是最好的，於是對子女說：「孩子，我要你比我更強！」這只會給孩子增添無謂的壓力。

有位老先生相當以自己的兒子為榮，逢人就要介紹寶貝兒子的三大頭銜：醫學博士、醫學系教授、醫生；但這個資歷顯赫的兒子，內心卻一直有著很大的創傷，長期折磨得他痛苦不堪，最後只得向心理醫師求助。他一開口便對心理醫師說：「我覺得自己連狗都不如。」這樣的話竟出自一位社經地位如此高的人的口中，心理醫師詫異極了。他接著表示，在小學時，因一次犯錯，父親用鏈子圈住他的脖子，拉著他在村子裡繞，還沿路高喊：「大家快來看喔！來看我這個不成材、連狗都不如的兒子啊！」當時他真羞愧得無地自容。這個無情的處罰讓他深深受創至今，覺得自己連狗都不如。

父親知道這件事後，當然悔恨莫及，連忙表示當初並非真要處罰兒子，而是為了激勵他，幫助他徹底擺脫錯誤的行為，盼他有出人頭地的一天。而這個方式也真的奏效了，因為兒子果真如其所願考上醫學院、當上醫生，任職醫學系教授；但父親的作法卻深深傷害了孩子，成為孩子一輩子揮之不去的痛。

父子二人為此起了爭吵，後來父親老淚縱橫地說：「兒子，如果當初這個處罰深深打擊了你，造成你至今無法磨滅的傷害，我在此誠心誠意向你道歉，我不是故意的，請你原諒……」兩人相擁而泣後，兒子表示，雖然這個陰影多年來一直籠罩著他，讓他苦不堪言，但這一刻，他能明白父親的一番苦心。他對父親說：「我願意將這個仇恨放下，不再自怨自艾。從此刻起，我不再比狗都不如，我真的是一位醫學博士、一位醫學系教授和一位醫生。」

很多父母都自認給孩子最好的；既是付出最好的，自然也要求最好的回饋。於是，對他們子女說：「孩子，我要你比我更強！」甚至不惜自貶身價地自嘲：「歹竹出好筍。」但這只是給孩子增添無謂的壓力罷了。

終有一天，寶貝兒女會長大；孩子長大了，自然就「想飛」。大部分的青少年在面臨升大學時，會開始思考到外地念大學，要離開家到外面過自己的生活。之後，他們也會有自己的事業、婚姻和家庭，將來落腳在哪兒，都不是父母所能決定。因此，到頭來，你會發現還是老伴好。

孩子現在還在你身邊，這真是上帝所賜、永遠無法取代的寶貴時光；而這樣的時間，其實愈來愈少了，有多少所謂的菁英學子，出國深造後就不再回來了。孩子飛出去以後，會不會再想飛回來，就看現在的你如何與他培養出良好的親子關係。你是不是他的好家人？是不是他情緒的支持者？除了要求他的學業成績之外，你還有什麼是他懷念的？

這一代的孩子在較優渥的環境中成長；但將來進入社會後，所要面對的競爭與壓力也遠比這一代的父母更為嚴峻。因此，父母所要提供的，就是給孩子一個安全的、支持的環境，讓他們感受到無私的愛，孩子才能激發出內在力量，迎向人生的挑戰。

關懷傾聽，做另一半的好家人

在這個高度發展、競爭的時代，人人接受了更高等的教育和文化薰陶，但人際關係卻愈見疏離，愈顯自私。

生命過程中，每個人都會經歷事業、婚姻和家庭；而男性及女性所重視的是哪一項呢？絕大多數的答案是：男性偏重事業，女性偏重家庭。

很多夫妻無法成為另一半的好家人，雖然同住在一個屋簷下，卻像活在兩個沒有交集的世界；於是，先生獨自承受孤單，太太暗自忍受寂寞，彼此不能滿足所需，生活中毫無笑容、擁抱和談心，感情當然愈來愈淡泊。在此情形下，若出現能夠欣賞、讚美自己的異性，給予渴望中的關懷與傾聽，經過一段時間的發酵，就可能發展出婚外情了。如果我們說「先生偏重事業，太太偏重家庭」，那婚姻呢？誰來重視和經營？

先生成天在外打拚事業，回到家後，最需要的就是太太的溫暖、關懷、笑容和肯定；而太太呢？她需要的是先生給予讚美、擁抱、傾聽和談心。有一回，我讚美老婆煮的牛肉炒空心菜很好吃；結果老婆深受鼓勵，讓我連續吃了一星期的牛肉炒空心菜，可見讚美的力量有多大。

請捫心自問，為人夫或為人妻的你，對於另一半的要求和期待，做到了嗎？做了多少呢？如果這些都做不到，再試問，他（她）真的只需要現在的這些嗎？還是想要的更多？

在這個高度發展、競爭的時代，人人接受了更高等的教育和文化薰陶，但人際關係卻愈見疏離，愈顯自私。我最近特別珍惜和太太相處的時光，因為我深深感到，這樣的日子愈來愈少了。若將來有一天我臥病在床，隨侍在側的會是兒子、媳婦？亦或女兒、女婿？我想都不是，一定是我太太；所謂「久病無孝子」，只有太太最在乎我。我們要面對孩子的衝擊、時代的衝擊和家庭的衝擊，身心備受考驗之際，多麼希望有人可以信賴、依靠和互相照顧。因此，做家人的好家人，是多麼重要啊！

父母難為，子女也成壓力鍋

現代父母要面對重重的困難，現代孩子也承受著無比的壓力；所以，我們更要做家人的好家人，相互扶持。

現代父母愈來愈難為，我歸納為五項：

首先，我們的家庭結構已經改變。在我小時候，有一部電影叫「十四女英豪」，是描述宋朝楊門女將衛國安民的英勇事蹟。令我印象十分深刻的是，只要大家族中的老祖母佘太君將手杖往地上重重一擊，所有人立即跪下聽命；但現在，可能老祖母一發脾氣，大家都跑光了。這是因為家庭結構已經改變了。

而且，從前都是子承父業，代代相傳；上一代不但是下一代的依靠，還決定了下一代的事業、婚姻和教育。然而，現在主張民主，孩子有權追求自己的人生，決定自己的未來，父母無法全權掌控。不但如此，有時候甚至大人說東，孩子偏往西；孩子要宣示他的自主權，父母當然難為了。

第二，我們的生活少了生活教育和機會教育的環境。孩子白天在學校上課，放學後則在補習班補習，沒時間和家人共進晚餐，更遑論飯後要幫忙收拾、洗碗盤、做家事。孩子的生活只有念書一件事，當然沒有辦法進行生活教育和機會教育了。父母就只是提供物質面的吃和住，完全忽略了孩子情緒的喜怒哀樂和需求，甚至孩子讀幾年級了都不知道。

第三，權威關係已經式微。現代孩子多才多藝，尤其在這個電腦資訊產品當道的時代，孩子比父母懂得更多，各項才能更加厲害，過時的父母就難以維持權威地位。昔日一招半式就可以闖蕩江湖，學個手藝就可餬口五十年，念個高中就可誤人子弟四十年；但現代科技一日千里，父母比子女更適應不來，權威的關係很難存續。

第四，民主自由觀念興起。從前大都是由父母決定孩子該讀的科系，但現在強調要尊重孩子的興趣和意願，不再由父母說一不二了；就算孩子願意聽從父母的「笨」安排，父母也只能給予老舊過時、難登大雅之堂的意見了。因為「世界什麼都在變，唯一不變的就是什麼都在變。」如果父母還抱持「以不變應萬變」的態度，孩子必然是前途無「亮」。

第五，孩子較少分擔家庭責任。因為他們的生活幾乎全被鎖定在功課上，就無暇承擔家庭工作了；其實，應該是父母把孩子寵壞了。人生除了讀書和就業，難道沒有別的事情嗎？事實上，人際互動的品質，關係著生活是否成功、是否快樂。而家庭人際互動是否和樂，關鍵在於能否經常一起做事；因為，情感與默契的培養，不是短時間就可立竿見影。因此，從「做家事」開始，學習分工合作，這是必要的家庭生活模式。

除了父母難為之外，青少年也有五大壓力源：

首先是成長的壓力。就像我的名字叫「莫正義」，以福佬話發音就成了「嘸正義」；再加上以前念國中時因為個子小，就常被取笑成「那個矮矮又沒有正義的」。這就是我在成長過程中所承受的莫名壓力。對孩子來說，許多壓力是大人所不瞭解、不能體會的。

其次為課業的壓力。孩子要學的東西愈來愈多、競爭愈來愈激烈，卻不見得能把每件事都做好；看現在大學生的素質每下愈況即可見一斑。我在大學教書，常問學生：「你們讀這科系，以後從事這行業嗎？」得到的答案常常是：「我是不得已來讀的，因為想念的學校和科系，我的分數不夠啦！」因這樣的理由而念的書，怎會認真呢？這不啻是另一種資源浪費。

第三是社會的壓力。一方面我們對孩子有很高的期待，但另一方面又把孩子塑造成「溫室裡的花朵」、「月光族」和「草莓族」，還加諸許多文化壓力、治安壓力等，孩子可一點都不輕鬆。而且，現在念書要念到碩士以上，求學時間比以前長，收入不見得比以前多；以前只要「拚」一定贏，現在不但「拚」了不一定會贏，說不定還會輸更多。

第四，家庭的壓力。近年來經濟不景氣，失業率攀升，股票連連下跌……很多孩子吃不起營養午餐、繳不出學費，因為父母雙雙失業、沒有收入；連生存都成問題，孩子又怎能安心成長？父母為了生計而離鄉背井討生活，孩子得不到親情的溫暖，父母享受不到天倫之樂，孩子十足成了「阿嬤的孩子」。

第五，內在的壓力。孩子對自己的未來茫然，父母的期待與自己的志向不符，內心承受著不為外人道的掙扎和煎熬。我在嘉義市生命線當主任的時候，曾見到一對為人幫傭的父母，在兒子醫學院畢業當天，他們欣喜驕傲地前去觀禮，孩子竟對爸媽說：「你們要我念醫學院，我完成了，畢業證書拿回去掛著吧，我要去唸我真正想念的科系的研究所了。」你說，父母能不傷心嗎？其實，孩子又何嘗願意如此？

因為現代父母要面對那麼大的困難，現代的孩子也承受著這麼大的壓力；所以，我們更要做家人的好家人，相互扶持。

凡事都在變，唯一不變的就是愛

現代人處在這快速變動的社會，人們因承受不了壓力而造成遺憾的事件時有所聞。面對空乏身心的外在壓力，家庭就是家人最安全的避風港。

現代人無可避免的難題也有五項：

第一，把最殘缺的部分留給家人。現代父母多半有工作；為了符合社會的期待，他們在外保持和藹可親的態度，展現最美好的一面，但對待家人卻少有耐心，還認為這是理所當然。

有段時間，我因忙於工作，經常三更半夜才能回到家，孩子直到睡前都見不到我；於是留了張大字報在進門放鑰匙的地方，我一回來就看到：「爸爸，我先去睡了，您也早點睡。今天的功課有……我留了另一張空白紙，如果有錯的地方，您就寫在那裡告訴我。明天請六點叫我起床。」

我把自己留給工作、留給別人，卻讓孩子留下字條與我溝通。這就像我們出門時總打扮得光鮮亮麗，展現優雅形象；然而，在家就算邋邋遢遢、做出不雅的動作也無所謂。

與孩子的互動也是如此，我就犯過這樣的錯誤。我在學校教書，普遍受到學生們的好評，但在教自己的孩子數學時，一而再、再而三地教不會，我就開罵了：「怎麼這麼笨！」「怎麼連這個也不會！」後來我發現，每次教孩子功課，她都是一眼看功課，一眼偷瞄著我，深怕又要被我罵。後來孩子終於麻雀變鳳凰了，成績保持在前三名。有回我誇她好棒，她竟回答：「我以前都覺得自己好笨呵！因為你罵我笨！」我才驚覺，當初的無心之過已讓她自我否定；這是我始料未及的，趕忙誠心地向孩子道歉。

在與孩子的互動過程中，有些言語及態度，父母可能是無心的，卻造成孩子深深的傷害。還好我後來能有機會加以澄清；否則，孩子再優秀，內心卻可能永遠埋藏著這個陰影，那將是永遠的遺憾。

第二，世上所有事都在快速變化中；唯一不變的，就是凡事都在改變。

有個參加越戰的美國青年提早退伍返鄉，在回波士頓的途中先打電話通知家人。他問媽媽，有個和他在戰場上出生入死的同袍，不但被炸傷了臉，還不幸斷了一隻手、一條腿，可否帶他一同回家，照顧他一輩子。不料，遭媽媽斷然拒絕；理由是，他們是個體面的家庭，有社會地位，不能收容一個斷手斷腿的殘障人士。結果，說好馬上要回家的兒子並沒有回到家，而是家人收到加州警方的通知，他們發現有個臉部受傷、斷手斷腳的青年舉槍自盡；從他身上的證件得知身分，他剛從越南戰場上回來……

如果這個孩子一開始就向媽媽說明自己受傷的情形，我想所有父母都會極其心疼不捨地說：「我的寶貝，快回來吧！」但偏偏這孩子沒有這麼做。在他身心遭受巨創的情形下，做出了無法挽回的遺憾；他認為他的父母無法接受這樣殘廢的兒子，他認為他將得不到父母的愛。

凡事都在變，唯一不變的就是愛，愛能征服世界。如果沒有愛，縱有再高學歷、再多收入、再好的地位聲望都不重要了；如果沒有愛，就算人群簇擁也是寂寞。有愛就有希望，只有愛能包容一切，只有愛能讓世界更美好，只有愛能把孩子的心留在家裡。

愛，是全然地接納他原來的那個樣子。我向來知道自己講話像連珠砲似地速度很快，常有人要我慢一點、再慢一點；我謹記在心了，但說著說著，不知不覺又快了起來。我連自己知道的老毛病都改不了了，哪有能力去改正別人的缺點？又有幾人能成功改正自己的許多缺點呢？因此，我們「休想」去改變我們的另一半，只能接納他（她），用無限的愛去接納原來的他（她）。

第三，個人生命意義與工作悖離。換言之，許多人未能肯定工作的意義，也無法從工作中獲得生命的意義；於是做一行怨一行，一年到頭換工作，換來換去總是不滿意；連一些大學生都一直不滿意自己所就讀的科系。回顧教育部剛開始舉行大學甄試的時候，大眾傳播系曾經是最熱門的科系；但有資料顯示，高達百分之八十的大傳系畢業生，不滿意他們的工作；因為名主播的缺，早已被佔住了，等出缺不知要等到何時。這些畢業生對於自己擠破頭想進入大傳系窄門，都悔不當初。也有些年輕人本來安於工作，卻有些「三姑六婆」，對任何工作都要品頭論足一番，讓人無所適從。

以前的人看得見自己努力的成果，比如竹編手工藝品，在自家前院就可完全搞定；但現在的零件，你看不見在何處成型，更看不見買主是誰。以前受完教育會回鄉里作育英才；現在畢業了，卻不知工作職場在何處；還可能要忍氣吞聲去做不願意做且無任何成就感的工作，更遑論工作貢獻與生命意義了。

第四，是非真假難辨。各種價值觀、道德觀，乃至社會傳統規範，往往積非成是、弄假成真，到頭來莫衷一是，人人無所適從，以前的「禮、義、廉、恥」等美好品格與價值已被束之高閣。教育水平越來越高、社會文化越來越文明之際，人們卻緊鎖心門，「個人自掃門前雪，莫管他人瓦上霜」，反而成了競爭向上的準則。

第五，愛拚不一定會贏。許多人在屢遭挫折後，灰心喪志，感嘆拚愈大輸愈多；人生若能重來，但願一切都沒發生過。

現代人處在這快速變動的社會，人們因承受不了壓力而造成遺憾的事件時有所聞；面對空乏身心的外在壓力，家庭就是家人最安全的避風港。每個家庭成員，尤其是父母，要用心經營家庭生活，建構完善的支持系統，人人要從做家人的好家人做起。

家人，是我們永遠的寶貝

讓我們成為父母的好兒女，成為兒女的好父母，成為另一半的親密良伴，成為兄弟姊妹的最佳手足，做家人永遠的好家人。

如何做家人的好家人呢？有五點是我們必須全力以赴的。

首先，我們要用全心、全生命來經營我們的一生，要真心對待最親密的家人。如果你只肯付出六、七十分的努力，你的家人也會同樣對待你，這個家就會留下許多遺憾。

其次，要接納缺點，欣賞優點。拿我自己的例子來說，我的脾氣也許不太好，講話速度快，嗓門又大，教訓孩子時總不知不覺就驚天動地，左右鄰居全都聽得見。於是，有一回太太挖苦我：「還說是生命線主任呢，還說是牧師、是教授呢，教孩子竟這麼粗聲粗氣！」我屢屢想改，但就是改不了。後來還是太太聰明，每回我教訓孩子，她就跑到孩子背後，對著我做出潑婦罵街、河東獅吼的模樣。經這一提示，我就警覺要收斂了；於是愈罵愈小聲。太太最後就會對我豎起大拇指說：「孺子可教也！算是沒嫁錯人啦！」

要改變另一半，就從改變自己做起。夫妻吵架，若一方先道歉，承認是自己脾氣不好、口氣不佳，其實是有口無心的；另一方也會放低姿態，坦承自己也有不是之處。沒有人是完美的，既然我們都不是一百分的人，就沒有資格要求別人做到一百分。若另一半是個完美無瑕的人，跟他生活在一起才真的備受壓力；因為徒感自慚形穢。還好我們都不是一百分的人，不會帶給另一半壓力。既然大家都有缺點，就應該互相接納。唯有家人間能彼此欣賞優點、接納缺點，這個家才會是家人最溫暖的堡壘和避風港。

第三，要有每次都是第一次與最後一次的觀念。一九九九年的南投九二一大地震，造成二千多人死亡及一萬多人受傷，許多家庭在一夕間支離破碎。我們的教育教我們要努力追求我們所沒有的，卻沒教我們若失去一切該如何自處？如何從零開始？如果你失去了最心愛的人、事，你還會快樂嗎？還能勇敢地重新站起來面對人生嗎？這時，陪你走過這段低潮的，一定是你的家人。別人的雪中送炭可能僅是一時，只有家人才可能陪在你身旁，不離不棄地和你一起成長。

如果你知道即將與家人生離死別，還會和他們爭吵、負氣嗎？不論是夫妻間或親子間的每一次互動，若能視為第一次，就會用心去對待；若能視為最後一次，就會無比珍惜。人生無常，請把握每一次與家人相處的時光，珍惜這寶貴的緣分。我也一直提醒自己，要將每一次的演講都當作是第一次，也當作最後一次；因為，我不知道下一次站上講台是什麼時候，也不知道你還會不會來聽。但如果我的演講能給你一點點啟發，能讓聽眾有一些些受益，那我就心滿意足、問心無愧了。

第四，樂觀進取地學習人際關係。這個世界讓我們擔心受怕的事已經太多了，又要面對種種壓力和挑戰，何苦自己為難自己呢？只有樂觀進取地去面對人際關係。

第五，凡事感謝，認為機會不再。也許你不喜歡這個社會，不滿意現狀，但畢竟無法離開這個世界而活；與其咒罵、埋怨、痛恨或唱衰，不如鼓勵、關懷、讚美和付出。有些父母不知如何管教孩子，只會一天到晚打罵，不但氣死自己，還害苦了孩子，並且於事無補，甚至可能產生無法彌補的後果。

孩子參加考試，考了四科，三科拿滿分，一科九十九；不通人情的父母會說：「怎麼搞的？這科這麼粗心，才差一分而已還拿不到！」聰明的父母就會說：「好棒！考得這麼好，幾乎就要滿貫全壘打了，真是太棒了啊！」

現代的孩子在外面已經面對太多的競爭、承受太多的壓力，如果回到家還得不到父母的支持，叫他情何以堪？孩子在我們身邊的時日並不多，他遲早要飛向他自己的人生；因此，衷心期待我們的社會，尤其是每位父母親，能夠正向地看待孩子，祝福他、欣賞他、鼓勵他，給他更多的愛、希望與包容，如此才可能擁有美好的未來。

我們必須做家人的好家人，當家人跌倒時，給他扶持；當家人失望時，給他希望；當家人走投無路時，當他的避風港；當家人生病時，給予溫暖的陪伴；當家人臨終時，陪他走完最後一程。家人絕不可變成敵人，家人是我們永遠的寶貝。讓我們成為父母的好兒女，成為兒女的好父母，成為另一半的親密良伴，成為兄弟姊妹的最佳手足，做家人永遠的好家人。

SMART的親子教養祕笈

讓生命自由
——打開生命能量，家庭關係更自在

● 小孩愛頂嘴。

● 總感覺星期一到星期五之間，特別會對孩子發脾氣。

● 要求孩子必須做完功課才能玩電腦，結果孩子三兩下就宣稱已做完功課，然後埋首電腦了。

● 兩個兄弟分別是國一和小四，簡直一見面就吵，幾乎不曾和好過。

● 每次媽媽都要叫一個多小時，孩子才懶洋洋地起床。

● 孩子希望能考上師大附中，但成績離這個目標還有一段距離。

◎吳娟瑜（國際演說家、作家）

「你的孩子好帶嗎？」幾個父母聚會閒聊時，話題總不免繞著孩子打轉；話匣子一開，就是一串又一串的甘苦談。最困擾他們的是：「孩子怎麼這麼難帶？」「為什麼老大好帶，老二卻很難帶？」

父母們所謂的「難帶」，不外乎孩子太有主見、愛頂嘴，他們的口舌反應之快，常讓父母招架不住。

如果你有這樣的孩子，我倒要向你道聲：「恭喜啊！」因為，這樣的孩子正是我們的師父，可以讓我們多所成長。

小孩愛頂嘴表示他的基因好，因為他有自己的想法，更具有生存的優勢；可是，孩子的命運，卻決定在父母的一念之間——唯有父母們不再認為這樣的孩子難帶，轉念認同稱讚、他的優點，他們才會有好的命運。

在家裡跟孩子應該如何互動，才能把最好的能量傳輸給孩子？對孩子，又應有怎樣的期待？該如何引導他們？這些都是現代父母必修的學分。

打開生命能量，從照顧身心健康做起

培養充沛的生命能量，首先要從養身做起；因為身體的健康狀態，確實會影響親子間的互動。

一個人從單身到結婚，進而生養子女，生命能量就應該不斷擴大；當生命的格局更寬、更大時，就更能容納夫妻和親子關係，相處的彈性就更容易展現了。

培養充沛的生命能量，首先要從養身做起；因為身體的健康狀態，確實會影響親子間的互動；我將透過一些實際的案例來說明。

案例一

不知為何，總感覺星期一到星期五之間，特別會對孩子發脾氣，但星期六、日就不會。

相信很多父母，尤其是工作和家庭兩頭燒的媽媽，特別有這種感覺。這是因為，假日能夠獲得較充足的睡眠，心情也較放鬆，自然較有耐心應付孩子；而星期一到五要上班，又忙又累地回到家，孩子一吵，當然沒有好心情了。所以，父母們應該先學會好好照顧自己的身體。

如何照顧自己的身體呢？不妨先從一些生活上的簡單問題來檢視：

□能每天準時上廁所、不憋尿嗎？

□吃東西都是細嚼慢嚥，帶著感恩的心情嗎？

□能不亂發脾氣嗎？

□會向另一半說謝謝嗎？

□洗澡時會輕揉慢洗，感恩身體的每一個細胞嗎？

問問自己，你能做到多少呢？夫妻和親子關係要好，就要從好好照顧自己的健康做起，然後進入自己的生命系統，做深度的覺察；也就是，讓自己的生命隨時進入生命禪的覺察境界。

案例二

一位大企業的董事長，每次看到紅燈就會不由自主地焦躁起來，於是催促司機快快快、快快快……

其實這位董事長也可以轉變心念這麼想：「感謝紅燈讓我休息。」同樣地，如果孩子晚上遲遲不肯上床、早上遲遲不肯下床；父母也可以默念：「感謝你讓我修身養性。」換句話說，心情焦躁時，隨時把自己拉回到禪定的境界，並以感恩的心情來對待，就會更自在。

愉快、輕鬆、欣賞、期待、祥和、快樂，這些都是屬於心理上的感覺；但與孩子互動，我們必須用整個身心去感受，讓「感官復甦」。當你回到家中，看到孩子時，就要用「我聽、我看、我感覺到；我聞、我嚐、我摸得到」來完整、深刻地與孩子互動。

案例三

有位先生於高中時期就有輕躁現象；雖然自覺頗有才華，但不愛讀書，也常因意見不同而與師長起衝突。即使順利完成大學學業，但他表示，讀書完全是為了不讓媽媽失望，而不是自己真心想學習。踏出社會後，原本的輕躁現象變得更嚴重，事業也一敗塗地，有兩個月的時間住院治療；還好，太太始終不離不棄地陪伴。但是，他的哥哥就沒有這麼幸運了，同樣的病症，最後卻落得妻離子散。因此，這位先生十分感念太太一路相伴，並沒有成天嘮叨、催促他趕快去找工作，而是陪他沉澱心情，等待他整裝再出發。

太太回顧這一段歷程表示，先生的哥哥發病時，她對精神疾病仍一無所知；直到先生也發病了，才開始去瞭解躁鬱症。瞭解之後，對於先生在發病期間的種種行為，例如對她施以暴力、大肆血拼採購以致出現經濟困境等，就完全釋懷了；而且，願意全心全意陪先生住院就醫。經過這段考驗後，夫妻感情比以前更融洽了。

事實上，這位先生求學時的心態，也是現今很多孩子的寫照，他們都是為了怕父母難過和失望而讀書。但為人父母者，在孩子成長過程中，更應該真正關心孩子內在的心理狀況；孩子的心理健康會影響到身體的健康，而身體健康則是一輩子幸福人生的基礎。

現在，可以試著沉澱心緒，回到初心，對自己說：「我是孩子的好爸媽，每天全心全意照顧孩子，並辛苦盡責地工作，希望讓家人生活得更好。現在，我願意回到生命更核心的內在，願意停留在孩子的生命系統中，關心並瞭解他們。」

父母的眼光與對待，影響孩子自我形象

當孩子一天天長大，開始有不同的意見，會對你的要求說「不」時，我們便覺得孩子變了。

回想當初孩子呱呱墜地來到這個世界，我們是多麼歡喜和寶貝；當他開始會說話了、會笑了、會玩了，我們又有多麼疼愛和珍惜；他的一舉一動、一顰一笑是那麼可愛啊！

當孩子一天天長大，開始有不同的意見，會對你的要求說「不」時，

我們便覺得孩子變了。當彼此因意見相左而起爭執時，我們甚至會氣急敗壞地認為：「我怎麼會生出這樣的孩子！」「這孩子怎麼這麼笨！」「孩子怎麼總是愛吵架！」……

可曾想過，孩子也在吶喊：「從前您們不是很愛我嗎？現在怎麼變了？我到底哪裡錯了？我要怎麼做才能讓您們滿意呢？」「我也很努力，很想把功課做好；但是，有時候我就是做不到，我不是故意的！」「爸媽可不可以給我一點空間，讓我做自己，讓我更快樂好嗎？」「您們願不願意多聽聽我的聲音？聽我想對您們說什麼！」「您們知不知道我最快樂的事是什麼？知道會讓我痛苦的是什麼？我的壓力您們知道嗎？我有時真不想回家，您們知道嗎？」……

父母對孩子有很高、很多的期待，這是在所難免；但父母也要學習對孩子更放鬆和放寬，要把自己的生命格局放大，讓孩子能快樂地成長。讓他知道，即使他做錯了，爸媽仍會原諒他，只要不再犯就行了；就算功課不好也沒關係，只要健康快樂就好。一定要讓孩子相信我們會疼愛他、關心他、瞭解他，因為他永遠是我們的寶貝；這樣就能讓親子間的磁場有更好的互動，讓孩子看到父母，就像看到自己的希望，自己無限的未來。

父母關心子女是天經地義的事，天底下不是有許多子女因為得到父母的鼓勵而重新出發的嗎？關鍵在於，為人父母是用什麼態度來關心子女。是過度擔憂？還是漫不經心？或是平穩地引導？

父母和孩子互動時所傳達給孩子的感受，往往會影響孩子的自我期望。你平常看孩子的眼神是關懷、鎮定、支持，還是不滿和催促呢？要知道，當孩子接收到父母眼波的那一刻起，就正在影響他的精神狀態以及自我的認定。若你是笑容可掬、充滿活力的樣子，孩子就會跟著展現青春活力；相反地，若你是疲累不堪、煩躁不耐、眉頭深鎖、嘴角緊抿、五官全部糾結在一起，彷彿看不到希望，孩子自然容易受影響而跟著情緒不穩。

因此，父母要好好調整情緒，並照顧自己的身體健康。要讓身體的能量甦活起來，讓生活的格局更加放大，才能讓孩子願意走進你的世界，感受到你的眼神、笑容、語調和肢體上的愉悅。父母能傳達給孩子歡喜、成長的感覺，孩子的生命也將更為開闊。

平心靜氣，改變要有步驟

千萬不要在孩子玩得正起勁時打斷他，最好是在他休息時或睡前與他懇談，並表明這是重要的談話。

改變要從心開始，其次為養心。請大家記得「感受—覺察—領悟」這個公式。

案例四

孩子就讀高一，放學回家就坐在電腦前，打一整晚的電腦；到了週末假日，更是連玩十二個小時。媽媽希望孩子能好好看看書，於是曾經強制關掉他的電腦；但他改看租來的小說，就是不願看書，令媽媽十分頭痛。

案例五

媽媽要求孩子必須做完功課才能玩電腦，結果孩子三兩下就宣稱已做完功課，然後埋首電腦了。

像這種整天與電腦為伍的孩子大有人在。父母看到孩子沉迷於電腦，一定十分生氣；但你可曾想過，如此生氣所為何來？有人的答案是因為著急——怕孩子考不上大學；考不上大學就找不到好工作，然後就娶不到好太太。也有人是出於擔心——怕孩子視力受損而影響健康。

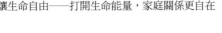

有了著急和擔心的感受，進而覺察到，我們對孩子還是緊抓不放，執著地要求孩子順應我們的意志；就因為我們的執著，讓親子關係變得緊張。因此，必須學習一些正確的技巧，也就是要訂出具體的方法，明確地告訴孩子，並引導孩子配合。

千萬不要在孩子玩得正起勁時打斷他，最好是在他休息時或睡前與他懇談，並表明這是重要的談話。談話時，必須充分地講出感覺，說出需要，並明訂底限，讓孩子可以清楚地遵循。這裡必須學習的兩個技巧就是「講出感覺，說出需要」。

媽：「兒子，我有重要的事要與你談談，你有沒有空？」表明這是很重要的事。

兒：「等一下才有空。」

媽：「等一下是多久？三分鐘或五分鐘？」不要讓他逃脫，要追問出明確的時間。

兒：「你說嘛！」

媽：「五分鐘可以嗎？」時間要明確。

兒：「隨便。」

媽：「那就是八點整啊！八點整我來找你談。」

必須像這個對話般，很具體地表達父母的要求與建議，不要讓孩子隨意逃避問題。待五分鐘後，媽媽就去找兒子懇談。

媽：「是這樣的，媽媽看你每天晚上都上網玩三個小時，實在很擔心你的眼睛和身體健康；更何況你都不上廁所，我也擔心你憋尿。因此，建議你明天開始做個調整。你打算怎麼做？」要具體表達出感受。

兒：「可是我有尿尿啊！」孩子總會狡猾地逃脫問題。

媽：「那很好！我要討論你明天起如何調整玩電腦的時間。」切記要拉回正題。若又開話題，可能又為其他的事爭吵起來，那正事就辦不了了。

兒：「你說呢？」

媽：「我的意見是明天起，你一天只能玩兩個小時，寒暑假才能玩三小時；如果沒有按照規定而超過時間，那就隔天整個晚上不能開機。」

除了口頭約定之外，最好還能立刻白紙黑字地載明上網公約，貼在電腦前：「週一至週五晚上只能玩兩小時，週六、日才可玩三小時；若不遵守規定而超出時間，必須強制將電腦關機。」並要求孩子簽名以示負責。

除了講明需求之外，還要清楚標明底限，再依約而行，彼此就容易遵守相處中的遊戲規則。如果不說底限，光只是一而再、再而三地說「不能再玩了」，孩子就只會當作是媽媽的嘮叨而充耳不聞。此外，明訂出規則後，父母必須堅持下去，不能因心軟而說一套做一套；也可請老師配合，要求孩子不玩電腦。如此嚴格把關，久而久之，孩子就能養成時間快到就準備關機的習慣了。

總之，人際關係中若能清楚自己的底限，也瞭解別人的底限，相處中就可以減少委屈、受辱或誤會的情形了。當然，孩子聽話，能夠自動自發最好；但如果孩子不從而激怒你時，千萬別因此發飆，應清楚跟孩子表明你生氣了；並且是因為他不守規定而十分生氣，然後走開，去調整心情。

明確規範，讓孩子學會負責

案例六

先跟孩子溝通好底限，然後硬下心來，等候孩子自己跨過他的門檻。

女兒念國三，放學回來吃過飯後會先睡一覺，從六點半睡到八點半，必須依賴媽媽叫她起床作功課。但每次媽媽都要叫一個多小時，孩子才懶洋洋地起床；又嫌媽媽很煩、很吵，於是兩人常為此起爭執。

孩子會怪媽媽又吵又煩，那是因為她在睡夢中被叫醒；也因為是媽媽，她才可以任意罵人，讓情緒有個出口。這時，媽媽應該跟女兒溝通好底限，約好起床的時間，然後跟女兒表明媽媽很樂意叫妳，但只願意叫兩次。此後，媽媽就要堅持真的只叫兩次，兩次過後她再不起床，就是她自己的責任了。

案例七

有位媽媽也是為了每天早上叫孩子起床，從一早就搞得全家烏煙瘴氣、心情很不好。後來，媽媽就和孩子溝通好，以後都由孩子自己起床，媽媽不再服務了。第二天，媽媽早早準備好早餐等著，眼看孩子房門一直不開，心裡掙扎著要不要進去叫孩子起床；但她自我克制，決定遵守既定的底限，讓孩子自己起床。

到了七點四十分，房門開了，孩子連珠砲似地抱怨媽媽怎不叫他起床，然後抓起書包就衝出門。媽媽則很鎮靜地在一旁冷眼旁觀。晚上孩子回來，板著一張臭臉；但媽媽還是很沉得住氣。第三天早上七點不到，孩子的房門自動開了，因為孩子知道媽媽是玩真的。

在這個過程中，重點在於媽媽不能心軟，能夠硬下心來，然後等候孩子自己跨過他的門檻。

父母先改變，孩子才能改變

從讚美孩子做起，以實際的溫情與孩子互動，讓孩子感受到父母的疼愛，終於改變偏差的行為。

案例八

長期以來，兒子的言行讓媽媽十分失望，但媽媽很有智慧地嘗試改變，於是在冰箱上掛一塊讚美日記板，要求自己每天寫下對兒子的讚美。

第一天，媽媽腸枯思竭，完全擠不出半句好話；後來勉強回憶起，孩子小時候有一次收到糖果，隨即就轉送給媽媽。就從這樣的小小回憶開始，媽媽努力一點一滴去找出孩子的好。讚美日記如此持續寫了三年多，至今孩子讀大專了，媽媽還是繼續寫。而這個兒子也變得很乖巧，很願意跟媽媽溝通，凡事徵詢媽媽的意見。

這位媽媽付出了極大的耐心，她從讚美孩子做起，以實際的溫情與孩子互動，讓孩子感受到媽媽的疼愛，終於改變孩子的偏差行為。這就是父母先改變自己，孩子也隨之改變的成功案例。

你也可以換個角度看，孩子只是玩電腦，並沒有去飆車或吸毒，畢竟他還是待在家裡，在媽媽看得到的範圍裡，著實沒有壞到哪裡。會上網的孩子通常以男孩居多，而且是左腦發達的居多；因為左腦發達的孩子通常較不善於人際互動，甚至孩子的爸爸也是這樣。因此，我們會鼓勵這類爸爸和孩子要有更好的互動；多與孩子互動，孩子就不會躲進電腦世界了。

案例 九

有位已退休的軍中高階將領，帶兵無數，卻管不動自己的兒子。兒子二十多歲退伍後，就沒出去找過工作，整天躲在房裡打電腦、上網，足不出戶，儼然成為社會邊緣人。

孩子一頭埋入網路世界而出不來，有可能是他不懂得如何實際與人相處。一個家庭中，夫妻感情好，親子關係才會更好。有些媽媽花太多時間照顧孩子，卻忽略了經營夫妻感情，那麼親子關係還是很可能另有變化。

案例 十

孩子讀國三，對自己有很高的期許，希望能考上師大附中；但目前的成績表現離這個目標還有一段距離。

孩子仍不肯放棄，甚至做好重考打算，非要考進理想學校不可；但媽媽就不這麼想了，她不希望孩子浪費時間再重考一年，總是明示或暗示孩子有學校念就好了。結果，媽媽覺得困擾，孩子也感到矛盾。

孩子覺得「何不讓我一試」，她真的很想讀師大附中，很希望父母支持她，讓她考考看；另一方面，她也感受到大家的眼光，都是不看好她的，因此頗覺忿忿不平，認為大家都瞧不起她。但媽媽認為，孩子根本考不上，又何必浪費時間和金錢？尤其，看著孩子這麼拚命，搞得精神緊繃時，媽媽也不免擔心孩子的健康。

或許這位媽媽也沒錯，但必須讓孩子認清自己的實力，讓她自己去改變選擇。此時，不妨讓孩子知道，媽媽並不要求她進名校，只希望她能快樂健康地成長。但切記，千萬不要在此時流露出「你根本考不上、不必浪費時間與金錢」的眼神，這將對孩子造成傷害。可以輕聲地對孩子說：「妳好用功，媽媽看了很高興；但也很捨不得，怕影響妳的健康。妳要好好照顧自己，媽媽愛妳唷！」用實際的關心行動來代替不認同。

再者，孩子的人生也不該只有讀書一事，父母應與孩子有更多互動；

諸如：一起看電視、爬山、散步、下棋、打球、看電影、聊天，甚至專程去看場表演等。有這麼多方面的活動可參與，別只鎖定在讀書一途上。

案例十一

兩個兄弟分別是國一和小四，簡直一見面就吵，幾乎不曾和好過。媽媽坦言，發生爭吵時，他們多半會責怪老大，也瞭解很多時候是錯怪了。

有一次，兄弟倆在房裡，沒多久弟弟大呼一聲，媽媽搶進房裡一看，弟弟背上有幾道抓痕；媽媽立即不由分說地打了哥哥，認為一定又是哥哥欺負弟弟。哥哥個性較憨厚，雖然挨打，也沒多說什麼就跑去睡了。後來，媽媽才知道事情的原委：當時是弟弟先搶了哥哥的玩具，哥哥想要搶回玩具；卻不小心抓傷沒穿上衣的弟弟，而留下抓痕。

待媽媽瞭解整件事情的經過後，也勇於承認自己的錯，而向大兒子道歉。其實，媽媽也知道弟弟平常就愛打小報告；只是總認為「兄弟之間，大的本來就應該讓小的。」

這位媽媽覺察到她處理兄弟間的爭執並不公允，於是進一步領悟到要從更多角度去看清事實的真相。孩子在家庭中本來就會競爭，彼此會瓜分資源；原本的資源會因為別人的分享而減少，就容易起爭執。再者，弟弟搶走哥哥的玩具，哥哥要捍衛所有權，自然會去搶回來。我們必須尊重每個人的所有權，不能任意拿走別人的東西——弟弟不能拿哥哥的，哥哥也不能亂動弟弟的，也不能存著「大的讓小的」的想法。這位媽媽願意為自己不當的處罰向孩子道歉，確實值得嘉許。

案例十二

有位爸爸很聰明，當兒子跟媽媽頂嘴時，他就會對孩子說：「來，陪我出去散散步，十分鐘就好！」出門後，他並不會馬上就長篇大論地說些人生大道理，而是輕輕鬆鬆、天南地北地聊天；待十分鐘快到，該走回家時，他才對兒子說：「拜託！回去給我『那個女兒』（爸爸暱稱媽媽為「女兒」）一點面子啦！」兒子就會消氣地說：「好啦！」

這就是屬於父子間的男人式的對話，能輕易轉化原本在家裡一觸即發的不安。不妨捨棄嘮叨式的諄諄教誨；否則，說多了，孩子只會認為：「又來了！又是那一套！」就完全失效了。

心念的調整能讓我們的生命格局放大，讓我們看事情的方式多些彈性，不會經常困擾自己。重要的是，必須學會更多的表達技巧，給親子雙方都有更多的空間去感受、覺察和領悟；然後放下，獲得改變。

例如孩子頂嘴，那是因為他在青春期，體內荷爾蒙旺盛，因而容易急躁，講話就較衝；領悟到這點後，父母的對應之道就是身段放得更柔軟，表達得更輕聲細語，讓孩子自己覺察到他也有不是之處而必須改變。若能放下對孩子的批判，不再執意教訓他該怎樣、不該怎樣，親子關係才能變通、變新、變好。

夫妻相處模式也是一樣，如果先生老是晚歸，妳感到生氣甚至暴躁；這時就必須覺察到：是不是先生在家感到無趣？或生活上有什麼壓力？於是，妳必須有所改變，和先生相處不能再一板一眼，要多與他聊些輕鬆的話題，不要老是像審問犯人似地質問：「你到底去哪裡？都跟誰在一起？為什麼手機不開？」總之，家中的氣氛和互動，本來就最好輕鬆一些；如此，夫妻關係才能變通、變新、變好。夫妻關係好，孩子自然好帶。

讓你的孩子做他自己，不要把你對他的「願景」強加在他的身上；也就是說，不要對他有過高的期待，讓孩子快樂地做他自己，並幫他找出可以使自己快樂的方式。如此，親子關係和諧，雙方必然能在快樂中成長。

傾聽內在的聲音，回歸生命的中心點

孩子常會與父母聊到學校發生的事，也會傾訴他的委屈。即使在整個事件中，孩子未必是對的；但父母所要做的，除了引導孩子紓解情緒，還要讓他自我反省。

有些人日子過得忙、茫、盲，遠離自己的生命中心點，日子過得渾渾噩噩，常常被外在瑣事所干擾。這時，改變的關鍵就是隨時學會「回到生命的中心點」，從照顧好自己的內在開始，傾聽內心的聲音，自然能抉擇適當的行動。

案例十三

孩子在學校與人起爭執，變得脾氣暴躁，甚至嗆聲：「我跟輔導老師槓上了！」媽媽雖然覺得老師的處理方式未必妥當，但也只是軟言開導孩子，要他退一步想，也許是對方不能接受他的表現方式，應該先自己冷靜一下。而先生在南部工作，平時夫妻相隔兩地，未能好好互動，使得這位媽媽常有無力感，於是愈來愈離開生命的中心點。

要成長，就必須學會回到生命的中心點；學習在與孩子互動時，更能同理他的心，紓解他的情緒困擾。同時，要能與先生有更好的互動，讓他參與對孩子的教養；因為，教育孩子不是父母任何一方的責任，而是全家人的責任。而且，我們要更疼愛自己；如果自己不快樂，就不能與家人產生快樂的互動。

孩子放學回到家，常會與父母聊到學校發生的事，也會傾訴他的委屈。即使在整個事件中，孩子未必是對的；但父母所要做的，除了引導孩子紓解情緒，還要讓他自我反省。

兒：「我同學好討厭，走過去就故意碰我一下，讓我很生氣。」

媽：「是哦！那你有受傷嗎？要不要擦藥？」同理孩子心裡的感受，關心他。

兒：「就有點腫啊，應該不用擦藥。」或許媽媽也認為一點點小傷沒什麼，但千萬別流露出「有那麼嚴重嗎？」的表情，要去同理孩子的感受。

媽：「那你後來怎麼樣？有打他嗎？」

兒：「有啊！我就搥他一下，然後老師就罵我！」

媽：「你打得很用力嗎？你覺得他有沒有受傷？」

兒：「我就用力搥他一下，不知道他有沒有受傷。」

媽：「那老師怎麼罵你？」

兒：「他說我以後不可以那麼凶！」

媽：「你有很凶嗎？」

兒：「還好啊！」

媽：「如果沒有很凶，那老師幹嘛罵你呢？」記得先站在孩子的立場。媽媽就是要這樣表現同理心，接納孩子的感受，才能抒發他的情緒。

孩子為何情緒容易暴怒？這就得談到孩子與爸爸互動的重要性。在親子互動的過程中，一般人都很容易忽略爸爸的角色；但是，爸爸的角色實在太重要了，尤其對兒子而言，能得到爸爸的肯定，對他是莫大的鼓勵。一個從小都不太與爸爸互動的兒子，他總會覺得人生似乎少了些什麼；而一個能夠常跟爸爸有說有笑、談天說地、無所不聊的兒子，便會很有自信、感到很快樂。因為，小男生都需要一個同性的學習對象，尋求認同與肯定；所以，如果兒子都是跟媽媽在一起，儘管媽媽很盡心盡力，但終究感覺不夠完整。

案例十四

有位媽媽常聽我的演講，有次一回到家，看到兒子躺在客廳沙發上睡著了，課本掉在地上。媽媽很生氣，但隨即想起：「生命此刻，我該怎麼做會讓自己感到幸福呢？」她適時這樣問了自己，便決定先去洗澡，再拿個涼飲在客廳沙發上坐下來。

兒子醒來，看到媽媽就在一旁坐著，便急忙起身，連聲說：「媽，對不起，我不是故意的！」然後抓起課本，三步併作兩步地跑進房裡。這位媽媽後來說：「我覺得變得好輕鬆，只要輕輕地回說『我知道』就行了，完全不必再像從前那樣劈里啪啦地發飆，日子好過多了。」

因此，我們要練習能夠隨時回到生命的中心。正因為這位媽媽能夠當下自問：「生命此刻，我該怎麼做會讓自己感到幸福呢？」就能回到生命的中心點。我們先把自己照顧好，就會知道輕重緩急；之後再引導孩子，就會覺得輕鬆有效多了。

案例十五

有位男士懺悔自己曾經是一個非常糟糕的爸爸。兒子讀國中時，有一次因打籃球而晚歸，爸爸就跑到籃球場將兒子打一頓，並要他跪著爬回家。自從那天起，兒子就絕不開口跟爸爸講話，爸爸就更凶地對待兒子，於是父子關係極度惡化。

直到多年後的一天，爸爸發現大事不妙了；因為兒子長大了，體格健碩有力，而且正在當兵；每次回家看到爸爸，都是一副惡狠狠的樣子。這位爸爸很想改善親子關係；他想，自己開車不小心撞到人，對陌生人都能當場說聲抱歉，為何對自己兒子反而做不到？如此反省後，當兒子回家吃年夜飯時，爸爸便主動對兒子示好，並表示有話要對他說。

吃過飯後，爸爸主動拿張椅子坐在兒子身邊，態度誠懇地說：「我過去對你太凶了，我是個太壞太壞的爸爸，我要對你說聲對不起；無論如何，我希望從今天起，你能接納我這個老爸……」此話一出，兒子立即跪下來，抱住爸爸而痛哭流涕。

為何兒子會如此激動？因為，在每個人的心底，畢竟都渴望被愛。當爸爸能夠放下身段跟兒子道歉時，兒子會馬上跪下來，就是因為他感受到了爸爸的愛。這位爸爸終於成功地回到生命的中心點。

案例十六

一位從事特殊教育的老師，自己有個情緒障礙的孩子。原本老師並不以為意；但有一天，一位家長對她說：「你自己的孩子都帶不好了，還來帶別人的孩子。」這句話有如當頭棒喝，覺得自己不能再等閒視之。於是，她馬上帶孩子就醫，確定腦部沒問題後，又找心理師諮詢，才找出孩子情緒障礙的原因。

這位老師的家庭是三代同堂，祖父母對孫子很凶，總喝斥他不能這樣、不能那樣；所以，孩子從小就很壓抑，變得不善於表達。在學校裡也不常與同學互動，總是自己呆呆地看著天上的雲、地上的螞蟻或樹葉的葉脈，完全不懂得如何與人溝通。後來，這位老師還邀了先生一起接受心理諮商師的輔導，一起學習如何引導孩子。

他們對孩子說，如果有什麼不滿，都可以向爸媽表明。漸漸地，兒子能勇敢地向父母表達情緒。他們還告訴孩子：如果阿公阿嬤對你太凶，你又不能頂嘴時，就可以亂語。例如，阿公阿嬤如果罵你書包怎麼亂丟、東西亂放時，你可以回答：「隔壁麵包店的麵包好好吃，要是再加點葡萄乾就更好了！」教孩子做情緒轉換來自我抒發。有一天，這對爸媽好高興，因為孩子「終於會頂嘴了！」表示孩子的情緒有出口，不會再壓抑了。

負面情緒積壓過久恐導致生病，如憂鬱症等，就是負面情緒積壓所致。情緒積壓久了，不但事情毫無改善，誤會無法冰釋，還害苦了自己。如果能有正確的認知，改變錯誤觀念，可能就不會那麼痛苦了。此外，憂鬱症患者一定要每天運動，運動有利於血清素上揚，可減緩悲觀、懊惱、自責、罪惡感、恐懼感、失眠、心悸、全身各處莫名疼痛等憂鬱症症狀。

案例十七

有對兄弟六年來從不講話。源起於六年前的一次大雨，媽媽要兄弟倆合撐一把傘；結果兄弟兩人搶來搶去，媽媽實在看不下去了，就一個箭步上前，賞兩人各一巴掌。從此，兩兄弟沒再講話。

我請這位媽媽趕快開家庭會議，誠懇地說明六年前的那個雨天的情形；並對自己的處理不當誠心道歉，希望兄弟能和好如初。一般而言，孩子聽到父母道歉，不管反應如何，都能把這些話聽進去。這時，爸爸也應表示意見，希望全家人能同心和樂。

有些人認為小孩子的爭吵很平常，不必要太擔心，長大就好了。其實，孩子的爭吵，如果得不到妥善處理，長大也未必會好。爸媽除了要能帶動家庭氣氛、多稱讚孩子，也可懸掛一些全家福和兄弟合照的照片；孩子天天看到這些照片，日久感情自然親密。

身心靈三管齊下，生命境界更開闊

沒有不能解決的問題，只看我們怎樣去面對。若能從修養身、心、靈三管齊下，就能管理好我們的生命能量，讓生命自由，家庭更加和諧快樂。

身心靈的修養是增進親子關係的必修功課。為人父母者若能把自己的健康照顧好，隨時調適心情，保持最佳狀態，讓身心都舒服；那麼，傳達給孩子的能量一定是正面的。孩子看到你，自然就會開心、快樂，而且充滿感恩。

養身、養心，就是隨時要進入到「感受—覺察—領悟」這個系統，學習放下，才不至身陷牛角尖而無法自拔。進一步，我們就要重視養靈——隨時回到生命的中心點，讓生命境界更開闊。

總之，沒有不能解決的問題，只看我們怎樣去面對。若能從修養身、心、靈三管齊下，就能管理好我們的生命能量，讓生命自由，家庭更加和諧快樂。

SMART的親子教養祕笈

成功為成功之母

- 「我都跟同學約好了！」孩子忿忿不平地對媽媽說，「妳每次都這樣！突然不准我去，那我以後在同學面前怎麼做人啊？」
- 孩子總是先看電視、玩遊戲，再寫功課。
- 孩子玩拼圖，拼了老半天仍拼不成，他就開始怪自己「怎麼那麼笨？」這時，父母絕不能再無動於衷，看著他不斷失敗。
- 有時候，父母氣不過，脫口說出：「你這個壞孩子！真是壞透了！」孩子也頂嘴：「你說我壞我就壞！我還有更壞的呢！」

◎廖鳳池（高雄師範大學輔導與諮商研究所副教授兼所長）

在談親子關係時，以下這一段親子互動的情境，你也許會有似曾相似的感覺——

「我都跟同學約好了！」孩子忿忿不平地對媽媽說，「妳每次都這樣！突然不准我去，那我以後在同學面前怎麼做人啊？」

「你的意思是說做人要守信用是吧？好呀！那你現在就守信用——進去寫功課；功課做完，要怎樣隨便你！」媽媽強按捺住脾氣說。

「你講不講理啊！」孩子氣爆了頂嘴！

「你像不像話啊！」媽媽脾氣也上來了！

「進去就進去！」孩子心不甘情不願地回房去，用力關上門「砰！」的一聲。

這震天價響，驚動了房裡的爸爸出來問是怎麼回事？

「還不是你那個寶貝兒子，才說他兩句就造反了！」媽媽氣得漲紅了臉，渾身發抖。

爸爸一聽，氣急敗壞地加入戰局，衝進孩子房裡就賞他大大一巴掌。

類似的場景，可能在許多家庭不斷上演著，讓父母感到很挫折。他們不明白「孩子怎麼會這樣？」

孩子也感到很委屈：「我到底哪裡錯了？爸媽怎麼這樣對我？」

親子戰爭，表面上看起來好像都是父母贏了；但是，這樣的輸贏在親子關係間代表什麼警訊？又能從中找出什麼對親子雙方都有建設性的意義呢？

為人父母的，無不想方設法造就孩子；偏偏孩子也有自己的想法，未必事事如父母所願。因此，親子和諧關係的建立，總是跌跌撞撞，歷盡艱辛。

如前述的例子，在親子關係籠罩著低氣壓時，如何幫助孩子從挫折的情緒中走出來，使他能夠抱持希望，繼續往人生大道邁進，正是為人父母當務之急的課題。

自我認證的社會

探索「我是誰」，確認自己的身分，對自己進行認證（Ego-identity），不僅是個心理學名詞，更是生存在當今社會極為重要的作為。

人生有三大問題：我是誰？我活著的目的是什麼？我快不快樂？其中，最根本的問題是——我是誰？

一個人如果不瞭解自己是誰，往往就會做出不適合自己身分和能力的事；結果，你覺得是很大的享受，對別人而言，卻可能是痛苦的折磨。

記得當年在師大就讀時，系裡舉辦班際合唱比賽，各班莫不卯足全力練唱，我們班更是整整苦練一個月；所幸，皇天不負苦心人，最後我們拿到八個班中的冠軍。大家興高采烈之餘，不免熱烈討論致勝關鍵；不料，全班竟一致公認我是最大功臣！

這個大帽一戴，大家一定以為我是個偉大的指揮或妙音天使吧？其實，真正的答案是：大家花了好大工夫才成功勸退我不要參加比賽。我的例子正說明了，一個人若不瞭解自己，就常會出糗。

探索「我是誰」，確認自己的身分、對自己進行認證（Ego-identity），不僅是個心理學名詞，更是生存在當今社會極為重要的作為。有位心理專家就指出，在從前物資貧乏的年代，人們追求的多半是食物的豐足、居處的安全保護等具實用性且能給予安全感的事物，也就是滿足生存的基本需求。

如今，物資富裕，生活水平提高，吃飽變得不是問題；但是吃飽後要做什麼，就變成大問題了。換句話說，當求生存不再是問題後，人們便從「追求」、「獲得」等目標導向的社會，轉變成探索「我是誰」、「別人認為我是誰」、「我自己認為我是誰」等角色導向的社會。這樣的社會，就名之為「自我認證的社會」。

在求生存的社會中，安全感是追求的首要目標；但在自我認證的社會中，愛與個人價值才是成功自我認證的基本因素。

轉型成自我認證的社會以後，生活型態產生了變化，連旅行方式都不一樣了。過去的旅行都是趕場式的，一天連趕好幾個行程，「上車睡覺、下車尿尿」；然後，走馬看花，銀子花掉，這是目標導向社會的旅遊型態。現在則強調深度旅遊、特色旅遊或自助旅行，也許在一個定點待上好幾天，甚至幾個月，深入瞭解當地的風俗民情，體驗當地生活。

現在，不僅個人在追求自我認證，企業也是如此。過去很多企業僅著重業績、利潤，利字當頭而不擇手段的業者甚至製造黑心商品。而現代具規模的企業，都相當重視形象，重視企業的社會責任和回饋，也因此更能獲得大眾的認同和肯定。

真正富有的社會，文化活動一定相當蓬勃；而真正富足的人，花在公益上的時間一定很多。他們或許穿的不是名牌，但極有社區意識，熱心公共事務，關心社區發展，樂於當一名志工，而不虛偽矯飾地與人周旋。也因為他們能夠誠實地表現自己，並積極參與社會、為人服務，而更能享有社會清望。

自我認證的形成

自我認證的形成通常是在青少年階段，也就是國中、高中時期。如何認證自己是怎樣的人呢？

人生過程中，可大致區分成嬰幼兒、兒童、青少年、青壯年、中年、老年等階段。自我認證的形成通常是在青少年階段，也就是國中、高中時期。兒童階段尚未建立自我認定的概念，往往是別人認為自己是什麼，就會相信自己是什麼。

例如：兩名幼童吵架且僵持不下時，只要老師評斷說是甲錯了，那乙就一定是對的；因為「老師說的一定對」。要是兩名國中生在爭論，同樣僵持不下時，如果其中一人說：「可是老師說……」另一人就會回嗆：「老師騙你，你也信！」這是因為，到了國小五、六年級後，孩子的獨立思考能力逐步發展，凡事會透過思考而後形成見解，展現自我評估的能力；這也是為何父母在滔滔不絕地長篇大論時，孩子雖未必直接否定，但也會不置可否地表示：「是哦？」

青少年開始有自己的想法，也開始懷疑別人的講法。有了懷疑，自然產生困惑；加上身心正在快速發育，內分泌、荷爾蒙等系統都有偌大的改變，使得原本相信的事變得不再那麼確信了。這些困惑中，最重大的就是「我是誰？」從而展開屬於自己的人生追尋和探索。

如何認證自己是怎樣的人呢？首先，可從平時的生活經驗來認識自己。例如：有人國語常考高分，一般會認為他有文學天分；有人數學很爛，可能就不適合考數理類組；有人運動項目樣樣在行，被封為運動天才；有人某項才藝特別出眾，希望將來成為鋼琴家、藝術家等。透過這些表現，你會慢慢認知到自己是屬於怎樣的人，確知自己的喜好和強弱項目。

當然，還必須加上你自己願意成為那樣的人。我曾指導過一位研究所學生，他平時相當低調；直到我前去參加他的喜宴時，才發現場面之氣派超乎想像，根本和平日的他難以連結。原來，這位學生出身於極有政治和經濟實力的世家，但他並不喜歡以此招搖，更不想被人以這樣的身分認定自己。

另一種情形是，你的自我認定，並不一定能得到別人的認可。例如：有些人自認歌聲宛如天籟，聽眾卻想趕緊摀起耳朵；有些人自以為是畫家，作品如大師之筆，觀者卻認為是小孩子塗鴉。也就是說，你認知的自己和別人眼中的你大相逕庭。

總之，你必須從生活經驗中體認到自己是怎樣的人，還要得到別人的認同，才會形成肯定的自我認證。

人最基本的需求不外歸屬感、權力、生活新鮮有趣、自由自在；這四種需求都能獲得滿足，「自我」就會長大，覺得自己稍有成就。再更進一步，若日常行為都很正向而獲得更多滿足，自我概念就會更加健全，進而行事就有較大的彈性，能夠實現自己的願望，有健康而堅定的信念，有責任感並能自律，也更能有效掌握住自己的生活；換句話說，就是能得到成功的自我認證。

我們平時藉著工作、服務或娛樂等活動和別人進行交流，透過展現自己，或透過看到別人眼中的自己，來進行自我認證；同時也希望被別人認可，讓自己成為別人想交流的對象，從中形成一種穩定的、成功的自我認證。

一旦不能與別人順利交流，獲得他人的肯定認可，便會產生自我認證上的困難，老是自問：「我到底是怎樣的人？」若一直陷在困惑中而無法獲得滿意解答時，更會落落寡歡，甚至感到孤立無援。

人生中，最重要的是自我愉悅感，要對自己滿意；但很多人並非如此，他們對自己的人生感到無奈和挫敗，導致近年來憂鬱症患者大增，自殺率不斷攀升。全世界的自殺死亡率約為每十萬人有十五人，在多數國家均為十大死因之一；台灣也不例外，且有逐年增加的趨勢，二〇〇六年更達每一小時五十九分就有一人自殺死亡。

這些自殺者是多麼不滿意自己，多麼討厭自己的人生啊！人若討厭自己，討厭周遭的人事物，討厭未來，看不到希望，就可能罹患憂鬱症或自殺。反之，若你滿意自己，常處在愉快的氛圍中，有許多好朋友，對人與事都有自己的見解和感受，樂於與外界交流，能自信地展現自我，別人對你的認同也和你的自我肯定相近，那你就是成功的自我認證者了。

滿足愛與被愛的基本需求

在自我認證的社會，特別強調要返璞歸真，回歸心理上的基本滿足。這個「心理上最基本的需求」是什麼呢？

如何成功地進行自我認證呢？尤其在青少年這個發展自我認證的關鍵

階段，為人父母者應該做一些努力，協助子女正面發展。

在自我認證的社會，特別強調要返璞歸真，回歸心理上的基本滿足。要真正瞭解：「我到底要的是什麼？」心理醫師發現，很多適應困難的患者，其實都是因為他們心理上最基本的需要無法獲得滿足，以致心安定不下來，而藉由神經質式的索求和離經叛道的脫序行為來表現自己。

這個「心理上最基本的需求」是什麼呢？就是關係與尊重：人與人之間的關係，以及彼此間的相互尊重。

而滿足基本心理需求的關鍵在於愛——要能愛別人和獲得別人的愛。一旦能找到你愛的人或愛你的人，感受到自己於人於己都有價值，就能產生滿足感而安定下來，並且穩定健全地發展。

我們發現許多行為偏差的孩子，多半缺乏重要關係人的愛與照料。他們表面上顯得凡事不在乎——不在乎別人，也不在乎自己，為所欲為；其實，他們的內心深處是渴望愛的，是多麼在乎別人愛不愛他們的。

沒有人能夠在沒有愛的環境中健康成長，每個人都絕對需要愛；但每個人的表現方式不同，獲得愛的能力也不同。被愛的感覺是那麼美好，因此，當你被愛之後，就會開始在乎愛你的人，在乎他對你的看法和期待，甚至願意「長髮為君留，短髮為君剪」，只為取悅於他；因為愛與被愛，讓人生開始有了方向，讓價值開始起了一些變化，進而影響了行為的標準。因此，價值感、行為的標準，都來自於愛的力量。

有的孩子放學後會先做功課，功課做完才看電視；有的孩子總是先看電視，看到不做功課不行了才勉強去做。一般孩子當然會認為看電視比做功課輕鬆，誰不喜歡輕鬆自在呢？為什麼還是有些孩子寧願先苦後樂？因為，他在乎父母的看法；既然父母希望他做完功課後再好好放鬆自己，所以，他願意依父母的價值來改變自己的行為標準。因為愛，讓他願意改變自己來滿足他所愛的人。

有一回，我帶全家人到墾丁度假，看到滿街都是比基尼女郎穿梭其間，讓人眼睛大啖冰淇淋。突然，孩子對我說：「爸爸不准看！」

「為什麼？」我很好奇他的小腦袋瓜裡在想什麼。

他則理直氣壯地回答：「因為媽媽會不高興！」

由此可知，孩子的意識裡，經常會以父母的觀點作為自己的價值標準？

如果孩子總是先看電視再寫功課，其實也不必氣急敗壞地認為他就犯了什麼大錯。此時不妨順勢而為，把節目單拿出來，與孩子討論他想看什麼節目，並瞭解他為什麼想看，也可從中得知孩子的喜好和想法；然後，約定在特定時間看特定節目。只要孩子能遵守約定，不致因看電視而荒廢功課，父母實不必強加禁止。電腦也一樣，電腦常常就擺在書桌上，孩子不被誘惑也難；不妨把電腦移開，就不致讓孩子作功課時分心了。

當今生活非常便利，孩子的行為就愈形開放，不受拘束。例如：電視頻道多，播放時間長；不想看電視，有KTV可去；走出家門就有全年無休的便利商店等，很多活動都提供了孩子全天候的服務，隨時想要什麼就有什麼，多麼方便呀！但是，方便久了就變隨便，無所規範就造成行為上的混亂；於是，不管三深更半夜或是破曉時分，都有剛從電影院、KTV、PUB走出來的年輕人。

正因為太方便了，自由過了頭，孩子就沒有學習自我管理、選擇、規畫的機會。當孩子管不了自己，父母就管不了他；因此，讓孩子培養自我管理、選擇、規畫的能力十分重要。但這絕不是憑高壓約束就能達成的，關鍵在於要讓孩子愛他自己。能夠愛自己，生活作息就會正常，對自己的行為就能有所規範；能認知什麼樣的行為對自己有益，就能建立起自我的道德感、價值感和責任感，絕不會因打電動而荒廢功課。

真正的愛與被愛，必須真情流露，沒有任何條件，毫無保留地付出；就像父母的愛一樣，不該有操縱，不該有手段，更不能當作工具，而只是單純地因為「你是我的孩子，所以我愛你」。當你肯定孩子、在乎他，讓他感受到你對他的真愛，他就會肯定自己的價值，認同自己是個「好孩子」，自然而然地表現出良好的行為，活得很快樂；要是偶爾做出不當行為時，還會感到不安，甚至有罪惡感。這樣的肯定和認同，正是奠定他未來美好人生的基礎。

然而，一個不被父母喜愛、不被師長朋友接納的孩子，就會開始懷疑自己是不值得被愛的人，自己是別人眼中的「壞孩子」。起初他還會反抗、拒絕這樣的眼光；因為，他也想被愛，他也不想被當成壞孩子。

當這種異樣的眼光仍不斷朝他而來時，他的反抗就會愈來愈激烈，讓人覺得他「壞透了！」到了這個階段，他自己反倒覺得做出好的行為才是怪異的、尷尬的；甚至連受到誇獎時他都會覺得丟臉呢！有時候，父母氣不過，脫口說出：「你這個壞孩子！真是壞透了！」他就會頂嘴：「你說我壞我就壞！我還有更壞的呢！」

當孩子被自己或別人貼上「壞孩子」的標籤後，只會更壞！並且很可能就此耽溺在負面行為中不能自拔，最後就更難擺脫「壞孩子」的烙印，只好自暴自棄而在失敗和墮落之中輪迴。

失敗為失敗之母

孩子聽到「吃苦、吃補」這類大道理時，心裡不免存疑：「是哦？」他們認為，吃苦是笨蛋的專利，聰明人不會、也不必吃苦。

過去說：「失敗為成功之母。」時至今日，這句話的內涵值得再三琢磨。

在從前物資缺乏、生活困頓的年代，每天都有許多困境和挫折橫亙眼前，要爭溫飽、爭生存、爭安定，總有爭不過的時候，失敗便在所難免；於是，博大精深的中華文化，諄諄教誨我們吃苦的重要和忍耐的必要，殷殷叮囑我們要把「呷苦當作呷補！」

但到了經濟富裕、衣食無缺的今日，孩子聽到「吃苦、吃補」這類大道理時，心裡不免存疑：「是哦？」「最好是啦！」面對父母的老生常談，孩子其實嗤之以鼻；因為，他們根本沒吃過苦，也覺得沒必要吃苦。

正因為時代在變，成長背景也大大不同，這些座右銘和至理名言，正面臨新世代的挑戰。對現在的青少年來說，像老祖宗那樣從失敗中汲取教訓、愈挫愈勇才能獲得最後的成功，是沒有必要的，是值得懷疑的。他們認為，吃苦是笨蛋的專利，聰明人不會、也不必吃苦。

的確，從前的困頓環境，讓人們覺得「人生不如意事十之八九」；但現在的孩子是「人生如意事十之八九」，他們總是一帆風順，哪吃得到什麼苦？因此，他們對挫折的忍受度也就降低許多。

失敗的滋味是痛苦的，有誰樂意接受呢？大家都想拒絕失敗。也許一開始還能一試再試；屢試屢敗後，就會開始惱羞成怒、怪罪他人，進而將失敗的痛苦發洩在外在行為上——或是標新立異的髮型，或是奇裝異服的打扮，乃至荒誕怪異的言行舉止。非得透過這些不理性的發洩行為，才能讓自己舒坦，從而導致行為混亂，生活不檢點；更糟糕的是，還可能耽溺在這種為非作歹的快感中。很多行為偏差的累犯，如吸毒、賭博、性行為混亂者，就是如此墮落來的。

我曾輔導過一名性工作者。她說，雖然家裡沒什麼錢，但她每次上市場，總會買一大堆魚肉蔬果好把冰箱塞滿；即使吃不完而爛掉，也心甘情願。因為，她僅能以購買東西來滿足自己，除此之外，她還有什麼能炫耀的呢？

還有一個國中生，是一名慣竊，尤其特別擅長偷腳踏車，可以很快地打開腳踏車的密碼鎖。有一次他偷竊被抓到了，學校把媽媽找來；不料，媽媽竟把孩子從教室拖到操場中央，在大庭廣眾前痛打孩子。從父母的管教方式，不難得知這孩子為何會成為慣竊了。

因此，別再濫用「失敗是成功之母」這句話了。一再失敗，只會讓孩子愈偏激、愈沮喪，就更跳脫不出失敗的宿命輪迴；對他們而言，「失敗才是失敗之母」。所以，想要孩子朝成功之路邁進，父母就不要再增加他的挫折感。

成功為成功之母

當孩子遇挫折而灰心喪志時，父母要做的就是給孩子加油打氣；更重要的是幫他回憶起之前的成功經驗，讓他利用成功再去複製成功。

失敗者的世界充滿痛苦、孤單、不知所措、矛盾和進退兩難。如果你不要孩子變成失敗主義者，就應該儘量滿足他的基本需求——愛，幫助他產生自信，讓他在愛的氛圍中去創造成功的經驗。

我的孩子開始學習玩拼圖時，拼的只是十幾二十片的小圖，不消幾分鐘就完成了；還連續拼了三組，贏得許多讚美。因此，孩子信心大增，不斷向上挑戰，甚至要求挑戰百片以上的拼圖。但是，這次卻沒那麼順利，拼了老半天仍拼不成，他就開始怪自己「怎麼那麼笨？」

這時，父母絕不能再無動於衷，看著他不斷失敗；於是，我過去安慰孩子：「不是你笨，而是這次的挑戰更難了。」我試圖幫他回憶從前的成功經驗，例如他的書桌總是整整齊齊，所有物品放置得井然有序，所以找東西都能得心應手；接著，我再引導他將此成功經驗和之前成功的拼圖技巧連結起來；然後，我們合力依形狀、顏色等不同而分門別類後，我就讓他獨立去做。沒多久便聽到他高聲大喊：「我拼完了！二百片耶！」

當孩子遇挫折而灰心喪志時，父母要做的就是給孩子加油打氣；更重要的是幫他回憶起之前的成功經驗，讓他利用成功再去複製成功。

懷著成功情緒的人，他隨時感到滿足，擁有自信和成就感，能受到同儕的歡迎和敬重，自然不會有離譜的行徑；父母當然也滿意這樣的孩子，而給予更多的愛；孩子感受到的愛愈多，就愈會自愛自重。而累積這種被愛和成功的經驗後，孩子就會覺得自己具有能力和潛力，並且充滿旺盛的企圖心；對於未來的目標和生活，就能做長遠的規畫，然後努力去實現自己的理想。

成功的果實是甜美的、回味無窮的。一旦獲得成功，除了自己高興，還恨不能讓更多人分享這個好消息；彷彿多一個人知道，成功的喜悅就會加倍似的。就像許許多多樂於背著建中書包、穿著北一女制服逛街的同學，可以說他們都是在分享這分喜悅。我常說，「成功為成功之母：成功可以複製，快樂得以加倍。」因為有了美好的成功經驗，下次再做同樣的事，便會帶著愉快、自信的心情，更用心、更投入、更努力去完成，獲得成功的機會當然就大大增加。

而懷著失敗心態的人，只能不斷重蹈失敗的覆轍，最後不得不萬念俱灰地放棄努力。一旦放棄努力，結果可想而知；因為，努力都未必會成功了，不努力還有希望嗎？結果當然是：必敗無疑。

有人也許會問，既然說「失敗為失敗之母，成功為成功之母」，是不是意謂人生不需要失敗和挫折？讓孩子一直在優越環境下成長，難道不怕變成溫室花朵，禁不起挫折的打擊？

其實，我只是強調，孩子在外面已難免遇到挫折，他所受的壓力也來自四面八方，父母實在沒必要再落井下石，施加更多的壓力，讓他感到更挫折。父母其實可以幫助孩子擁有更多成功的經驗，孩子才能更有自信、更有方向地去開創人生。

愛，幫助孩子肯定自我價值

傾聽是解決問題的第一步。「不聽話」的父母，等到兒女把事情鬧大了，他們總是那個最後才知道的人。

我們都希望孩子健康、快樂、實現自我，但畢竟每個人的素質不同，成長背景也不一樣，都需要周遭共同的協助和孩子自己不斷的努力；因此，建立良好的親子關係，悉心去瞭解孩子到底在想什麼、到底要什麼，並幫助他去判斷行為的對錯，建立行動的步驟，這些都是建構成功經驗的基本要素。

既然孩子需要累積成功的經驗，父母就要當孩子最忠實的朋友，傾聽他的心聲，並給予溫和、堅定、熱切和真誠的協助；讓孩子知道，即使他做錯了，你還是永遠愛他。即使他情緒失控、言辭不當，你仍會耐心地聽他訴苦，並試著去體會他的困難，以最多的愛來對待他。

別急著宣說你的長篇大道理，先學習當個「聽話」的父母吧！你要「認真聽」，聽出他的生活感受、他的世界輪廓！傾聽是解決問題的第一步。「不聽話」的父母，等到兒女把事情鬧大了，他們總是那個最後才知道的人。傾聽還需要輔以耐心，不必急著批判，而應該去思考：為何孩子是這麼想、這麼做的？

然後，以幽默風趣的態度回應孩子的問題。人人都想快樂、不想痛苦，這就是為什麼很多綜藝節目受歡迎的原因；因為，坐在電視前，會三分鐘一小笑、五分鐘一大笑。平時就該多跟孩子聊聊輕鬆的話題，聽他說些學校發生的趣事，甚至用孩子間的流行語和他對談，拉近彼此的距離。

與孩子互動時，也要保持應有的禮貌，不能擺出一副「我是你爸爸，你怎麼可以這樣對我講話」的態度。現在的父母，已經不像幾十年前那樣有威嚴了；如果你繼續耍威風，孩子可能回嗆：「我是你兒子耶！你怎麼可以這樣跟我講話？」這時你可能已經快抓狂，脫口而出：「真是欠揍……」孩子為了維護他的權益，就說：「你敢打我，我就打113！」

親子間絕不要這樣惡言相向，父母更不應該一被孩子不負責任的行為或言詞挑釁，就失去耐性而氣急敗壞。

親子之間相處的基本態度應該是彼此尊重、有禮，多一點關心、少用威脅；再加上適時的擁抱等肢體接觸以增進親子關係。當然，這要從孩子小的時候就要常常摟摟抱抱；否則，等孩子長大了才要這麼做，就難免有些尷尬。

如果孩子都已經大了，你才想到要增進親子關係，還是為時不晚。我們可以藉著共同參與一件事，如散步等，來增進彼此的親近度。

要培養良好的親子關係，並不是一直給予孩子所想要的，卻不忍心讓他付出；孩子一定要學習勇於面對困難。就像小孩學走路時，如果父母在一旁直呼：「不行、不行，你會跌倒！」那他就真的會跌倒，而且不肯再走；如果你鼓勵他：「別怕、別怕，媽媽在這裡；好好走、好乖、好棒！」他就能走得很好，即使跌倒了，也會爬起來繼續走。

只要父母有正確的觀念和良好的態度，孩子就能勇於面對挫折。

有個國中生愛蹺課，實在曠課太多了，被學校勒令休學；後來，家長竟然答應孩子：一週上足五天課，就給他一萬元。你想，這個孩子會教得好嗎？有些人有權有勢，幫孩子設想得無微不至，本來應該讓孩子自己做的事，卻永遠有人代勞；正因為家長做得太多，完全剝奪了孩子該有的學習和經驗，讓孩子永遠學不會自我負責。

就拿孩子賴床的問題來說吧！孩子賴床可是父母最常碰到的困擾——

媽媽一看到孩子上學快要遲到了，就比孩子要緊張一百倍，真是皇帝不急急死太監；可是，任你千呼萬喚，孩子就是賴著不起床。這時，媽媽若不能堅定立場，讓孩子學習自動起床，讓他自己去承擔上學遲到的後果，孩子就只有繼續依賴媽媽、繼續賴床了。

要導正孩子的偏差行為，請不要一味責難和批判；而是要試圖從孩子的立場出發，瞭解他所言所行的前因後果，同理他的感受。

稱讚、肯定和欣賞，絕對比責難有效；不當的指責才是真正的失敗之母。況且，經常指責孩子，可能第一次有效，第二次效果減半，第三、第四次就麻木了。

有時候，孩子難免犯錯，父母也不必一直逼問：「你說！你說！你到底為什麼這樣？」其實，孩子可能也不很清楚原因是什麼；而這樣的逼問，往往只是逼他找個藉口，甚至撒個謊，讓孩子成為說謊高手；這樣的親子關係一定混亂得難以收拾。既然事實已造成，追究並不能改變什麼；

應該回到事實的本質，積極面對未來才是重點，協助他找出問題，解決問題。

一旦給予孩子承諾，請務必要信守；而且要前後一致，不可欺騙，不可放棄，要展現溫和、堅定、熱切、真誠的態度，陪孩子一起承擔後果。絕不要放棄孩子！健全的親子關係，就是基於父母絕不放棄的心態。誰不會犯錯？誰不曾失敗呢？父母要做的，就是一路相伴、鼓舞、扶持，與孩子一起面對未來。

只有當你給予孩子滿滿的愛，做一個負責任的父母，幫助孩子肯定自我價值，你的孩子才會有快樂健康的身心，能夠健全地成長，勇於對自己負責，成為一個能自愛、自律、自重的人，這就是獲得成功的自我認證了。

國家圖書館出版品預行編目資料

爸媽別抓狂 / 張昇鵬等主講. — 初版. —
臺北市：慈濟傳播人文志業基金會， 2008.11
面； 公分. -- (親子列車；3)
ISBN 978-986-6644-05-4 (平裝)

1. 親職教育 2. 親子關係

528.2 97021494

親子列車**003**

爸媽別抓狂

創辦者｜釋證嚴
發行者｜王端正
策畫｜財團法人泰山文化基金會
主講｜張昇鵬、蔡毅樺、黃富源、陳質采、黃龍杰、莫正義、吳娟瑜、廖鳳池
封面繪圖｜陳盈帆
出版者｜慈濟傳播人文志業基金會
11259臺北市北投區立德路2號
客服專線｜02-28989898
傳真專線｜02-28989993
郵政劃撥｜19924552 經典雜誌
文字整編｜林美琪
責任編輯｜賴志銘 、高琦懿
美術設計｜尚璟設計整合行銷有限公司
印製者｜禹利電子分色有限公司
經銷商｜聯合發行股份有限公司
新北市新店區寶橋路235巷6弄6號2樓
電話｜02-29178022
傳真｜02-29156275
出版日｜2008年11月初版1刷
2014年 1 月初版20刷
建議售價｜200元